2024年度版

金融業務 **3** 級

法務コース

試験問題集

一般社団法人 金融財政事情研究会

◇ はじめに ◇

　本書は、金融業務能力検定「金融業務3級　法務コース」受験者の学習の利便を図るためにまとめた試験問題集です。

　本書は5章からなり、テーマ別に分類・収録した各問題は、基礎から応用まで幅広く習得することができるように配慮しています。

　日常業務において、金融機関行職員が金融法務に関する知識を活かすためには、基礎的な法務知識の習得はもちろん、さらに応用力、実践力を身に付けることが肝要です。したがって本書においても、単なる用語解説的な出題は極力避け、日常業務遂行にあたって不可欠なテーマ、案件に関する問題を豊富に出題しています。

　ただし、本書は出題範囲のすべてを網羅しているわけではありませんので、本書に加えて、基本教材である通信教育講座「3カ月マスター法務コース」（一般社団法人金融財政事情研究会）に取り組むことをお勧めします。

　変遷めまぐるしい金融界において、金融法務の知識はますます重要なものとなっています。本書を有効に活用して、ぜひとも金融業務能力検定「金融業務3級　法務コース」に合格され、信頼される金融機関行職員として活躍されることを期待しています。

2024年3月

一般社団法人　金融財政事情研究会

検定センター

◇◇目　次◇◇

第 2 章　手形・小切手、電子交換制度、電子記録債権

第3章　内国為替、付随業務、有価証券関連業務等

第4章　融資Ⅰ（実行、管理、回収等）

第 5 章　融資Ⅱ（担保、保証等）

── 〈法令基準日〉 ─

本書は、問題文に特に指示のない限り、2024年4月1日（基準日）現在施行の法令等に基づいて編集しています。

◇CBTとは◇

　CBT（Computer-Based Testing）とは、コンピュータを使用して実施する試験の総称で、パソコンに表示された試験問題にマウスやキーボードを使って解答します。金融業務能力検定は、一般社団法人金融財政事情研究会が、株式会社シー・ビー・ティ・ソリューションズの試験システムを利用して実施する試験です。CBTは、受験日時・テストセンター（受験会場）を受験者自らが指定できるとともに、試験終了後、その場で試験結果（合否）を知ることができるなどの特長があります。

本書に訂正等がある場合には、下記ウェブサイトに掲載いたします。
https://www.kinzai.jp/seigo/

〈凡　例〉

・犯罪収益移転防止法…犯罪による収益の移転防止に関する法律

・振り込め詐欺救済法…犯罪利用預金口座等に係る資金による被害回復分
配金の支払等に関する法律

・金融サービス法…金融サービスの提供及び利用環境の整備等に関する法
律

・預金者保護法…偽造カード等及び盗難カード等を用いて行われる不正な
機械式預貯金払戻し等からの預貯金者の保護等に関する法律

・滞調法…滞納処分と強制執行等との手続の調整に関する法律

・独占禁止法…私的独占の禁止及び公正取引の確保に関する法律

・出資法…出資の受入れ、預り金及び金利等の取締りに関する法律

・判例の表示

(最判昭45.4.10民集24巻 4 号240頁)

　A　　　B　　　　　C

A…裁判所と裁判の種類を示す。

　　最…最高裁判所

　　高…高等裁判所

　　大…大審院

　　判…判決

　　決…決定

B…裁判(言渡)年月日を示す。

C…登載誌およびその登載箇所を示す。

　　民録…大審院民事判決録

　　民集…最高裁判所(大審院)民事判例集

　　金法…金融法務事情

「金融業務3級　法務コース」試験概要

　日常業務に必要不可欠とされる金融法務に関する基礎知識の習得度を問うとともに、実務に即した事例を含む応用問題も出題し、金融法務全般における判断力・実務対応力を検証します。

■受験日・受験予約　　通年実施。受験者ご自身が予約した日時・テストセンター（https://cbt-s.com/examinee/testcenter/）で受験していただきます。

受験予約は受験希望日の3日前まで可能ですが、テストセンターにより予約可能な状況は異なります。

■試験の対象者　　　　若手行職員　※受験資格は特にありません

■試験の範囲　　　　　1．預金（入金、支払、差押え、相続等）
　　　　　　　　　　　2．手形・小切手、電子交換制度、電子記録債権等
　　　　　　　　　　　3．内国為替、付随業務、有価証券関連業務等
　　　　　　　　　　　4．融資I（実行、管理、回収等）
　　　　　　　　　　　5．融資II（担保、保証等）

■試験時間　　　　　　100分　試験開始前に操作方法等の案内があります。

■出題形式　　　　　　四答択一式50問

■合格基準　　　　　　100点満点で60点以上

■受験手数料（税込）　5,500円

■法令基準日　　　　　問題文に特に指示のない限り、2024年4月1日現在施行の法令等に基づくものとします。

■合格発表　　　　　　試験終了後、その場で合否に係るスコアレポートが手交されます。合格者は、試験日の翌日以降、合格証をマイページからPDF形式で出力できます。

■持込み品　　　　　　携帯電話、筆記用具、計算機、参考書および六法等を含め、自席（パソコンブース）への私物の持込みは認められていません。テストセンターに設置されている鍵付きのロッカー等に保管していただきます。メモ用紙・筆記用具はテストセンターで貸し出されます。計算問題については、試験画面上に表示される電卓を利用することができます。

■受験教材等	・本書
	・通信教育講座「3カ月マスター　法務コース」
	（一般社団法人金融財政事情研究会）
■受験申込の変更・ 　キャンセル	受験申込の変更・キャンセルは、受験日の3日前まで マイページより行うことができます。受験日の2日前 からは、受験申込の変更・キャンセルはいっさいでき ません。
■受験可能期間	受験可能期間は、受験申込日の3日後から当初受験申 込日の1年後までとなります。受験可能期間中に受験 （またはキャンセル）しないと、欠席となります。

※金融業務能力検定・サステナビリティ検定の最新情報は、一般社団法人金融財政事情研究会の Web サイト（https://www.kinzai.or.jp/kentei/news-kentei）でご確認ください。

第1章

預　金

1-1 犯罪収益移転防止法（Ⅰ）

《問》犯罪収益移転防止法および同法施行規則に規定されている「実質的支配者」およびその確認方法について、次のうち最も不適切なものはどれか。

1）資本多数決の原則を採る法人において、実質的支配者とは、原則として、当該法人の議決権総数の4分の1を超える議決権を有している自然人をいう。

2）資本多数決の原則を採る法人以外の法人において、事業活動に支配的な影響力を有する自然人がいない等の場合には、法人を代表する権限を有している者が実質的支配者とされるが、その代表権限を有する者が複数いる場合には、それらのすべてが実質的支配者に該当することとなる。

3）顧客が上場企業の場合は、取引時確認において、実質的支配者の本人特定事項の確認が必要となる。

4）実質的支配者の確認方法は、当該顧客等の代表者等からの実質的支配者に関する本人特定事項の申告で足りるが、ハイリスク取引に該当する場合は、本人特定事項の申告に加えて、株主名簿等の確認が必要となる。

・解説と解答・

1）適切である。2015年の犯罪収益移転防止法改正（2016年10月1日施行）により、取引時確認において、議決権その他の手段により当該法人を支配する自然人まで遡って実質的支配者を確認することとなり、その議決権数を総議決権数の4分の1超と定めている（同法4条1項4号、同法施行規則11条2項1号）。

2）適切である。事業活動に支配的な影響力を有する自然人がいない等の場合には、法人を代表する権限を有している者が実質的支配者とされるが、その代表権限を有する者が複数いる場合には、そのすべてが実質的支配者に該当することとなる「警察庁・共管各省庁『犯罪による収益の移転防止に関する法律の一部を改正する法律の施行に伴う関係法令の整備等及び経過措置に関する政令案（仮称）』等に対する意見の募集結果について（平成24年（2012年）3月26日）（別紙1）「『犯罪による収益の移転防止に関す

る法律の一部を改正する法律の施行に伴う関係法令の整備等及び経過措置に関する政令案（仮称）』等に対する御意見並びに御意見に対する警察庁及び共管各省庁の考え方について」参照」

3）不適切である。顧客が国、地方公共団体、上場企業等である場合には、実質的支配者の本人特定事項を確認する必要はない（犯罪収益移転防止法4条5項、同法施行令14条5号）。

4）適切である。通常の場合の取引における実質的支配者の本人特定事項の確認は、当該顧客等の代表者等から申告を受ける方法により行うものとされる（犯罪収益移転防止法施行規則11条1項）ハイリスク取引の場合、通常の取引の場合と異なり、実質的支配者の存否について株主名簿（資本多数決の原則を採る法人の場合）、登記事項証明書（資本多数決の原則を採る法人以外の法人の場合）等の書類を用いて確認するとともに、その本人特定事項について当該顧客の代表者等から申告を受ける方法とされている（犯罪収益移転防止法4条2項、同法施行規則14条3項）。

<u>正解　3）</u>

1－2　犯罪収益移転防止法（Ⅱ）

《問》犯罪収益移転防止法における取引時確認等について、次のうち最も不適切なものはどれか。

1）顧客等が個人である場合、金融機関は、本人特定事項として、顧客等の氏名、住居、生年月日を確認する必要がある。

2）顧客等が個人で、本人特定事項の確認において顔写真のない本人確認書類の提示を受けた場合、金融機関は、追加でほかの本人確認書類の提示も受ける必要がある。

3）顧客等が取引時確認に応じない場合、金融機関は、顧客等が取引時確認に応じるまで取引に係る義務の履行を拒むことができる。

4）金融機関がほかの金融機関に預金口座を開設する場合、当該金融機関は顧客が金融機関となるため、犯罪収益移転防止法所定の取引時確認を行う必要はない。

・解説と解答・

1）適切である（犯罪収益移転防止法4条1項1号）。

2）適切である。各種保険証等の顔写真のない本人確認書類の提示を受けた場合、住民票の写し等のほかの本人確認書類や、公共料金の領収書等の現住所が記載されている補完書類を追加で提示してもらう必要がある（犯罪収益移転防止法施行規則6条1項1号ハ）。

3）適切である。犯罪収益移転防止法5条は、顧客等が取引時確認に応じない場合、金融機関は申出の取引の履行を拒絶できる旨を定めている。

4）不適切である。取引時確認を行うべき顧客等から金融機関は除外されていない（犯罪収益移転防止法2条3項、同法施行令5条）ため、適切とはいえない。

正解　4）

1-3　預金者保護法（I）

《問》預金者保護法等について、次のうち最も不適切なものはどれか。
1）預金者保護法により保護されるのは、偽造カードや盗難カード等を用いて不正に行われたCD・ATMからの預貯金の払戻しまたは借入れにより被害を受けた預貯金者である個人または法人である。
2）偽造カードを用いて行われたCD・ATMからの預貯金払戻し等については民法478条の規定の適用はなく、当該預貯金払戻し等は原則として無効である。
3）預貯金者が金融機関から預金者保護法による補てんを受けるには、①金融機関への盗取された旨の速やかな通知、②金融機関への盗取に関する状況の十分な説明、③捜査機関へ被害届等を提出したことの金融機関への申告が要件となる。
4）インターネット・バンキングにおける不正な払戻しによる被害について、預貯金者に過失が認められる場合は、金融機関は、被害状況等を加味したうえで、補償の判断を行うこととしている。

・解説と解答・

1）不適切である。預金者保護法では、「預貯金者」を、金融機関と預貯金等契約を締結する「個人」と定義しており、法人は保護の対象となっていない（同法1条、2条2項）。
2）適切である（預金者保護法3条）。なお、民法478条とは、「取引上の社会通念に照らして受領権者としての外観を有するものに対する弁済」に係る規定である。
3）適切である（預金者保護法5条1項）。
4）適切である（全国銀行協会「預金等の不正な払戻しへの対応について」（平成20（2008）年2月19日）、「（別紙3）インターネット・バンキングに係る補償の対象・要件・基準等について」）。

<u>正解　1）</u>

1－4　預金者保護法（Ⅱ）

《問》全国銀行協会「偽造・盗難キャッシュカードに関する預金者保護の
　　申し合わせ（平成17年（2005年）10月6日）」に照らし、偽造カー
　　ドによるATMからの払戻しが、預貯金者（本人）に重大な過失が
　　あるとされる場合として、次のうち最も不適切なものはどれか。
1）本人が他人に暗証番号を知らせた場合
2）本人が暗証番号をキャッシュカード上に書き記していた場合
3）暗証番号を容易に第三者が認知できるような形でメモなどに書き記
　　し、かつ、キャッシュカードとともに携行・保管していた場合
4）本人が他人にキャッシュカードを渡した場合

・解説と解答・

1）適切である。「本人の重大な過失となりうる場合」に当たる。
2）適切である。「本人の重大な過失となりうる場合」に当たる。
3）不適切である。「本人の過失となりうる場合」に当たる。
4）適切である。「本人の重大な過失となりうる場合」に当たる。

<u>正解　3）</u>

1－5　振り込め詐欺救済法

> 《問》振り込め詐欺救済法の被害者救済手続等について、次のうち最も適切なものはどれか。
> 1）預金保険機構は、犯罪利用の情報に基づき、対象預金口座等に係る金融機関、店舗、預金等の種別、口座番号、名義人の氏名等を公告する。
> 2）公告に定めた届出期間内に権利行使の届出がなかった場合、対象預金口座等に係る払戻請求権を預金保険機構が取得することとなる。
> 3）預金保険機構は、対象預金口座等の残高を原資にして、被害者に被害回復分配金を支払う。
> 4）対象犯罪行為により失われた被害額全額の賠償がなされていても、被害者であれば、金額の多寡は別として被害回復分配金が支払われる。

・解説と解答・

1）適切である（振り込め詐欺救済法5条1項）。

2）不適切である。公告に定めた届出期間内に権利行使の届出がなかった場合、対象預金等債権に係る払戻請求権は消滅する（振り込め詐欺救済法7条）が、当該対象預金口座等に係る払戻請求権を預金保険機構が取得するわけではない。

3）不適切である。被害者に被害回復分配金を支払うのは、対象預金等債権が存した金融機関である（振り込め詐欺救済法8条1項）。

4）不適切である。対象犯罪行為による被害額相当全部の賠償がなされた被害者は、被害回復分配金の支払を受けることはできない（振り込め詐欺救済法9条1号）。

<u>正解　1）</u>

1－6　預金保険制度

> 《問》預金保険制度について、次のうち最も不適切なものはどれか。
> 1）預金者は、本制度対象の金融機関に、保険対象となる預金等を預け
>   入れることにより、預金者の意思表示なく自動的に保険契約関係の
>   当事者となる。
> 2）定期積金は、預金保険の対象外である。
> 3）無利息、要求払い、決済サービスを提供できることという3要件を
>   満たす預金は、全額が預金保険の保護の対象となる。
> 4）預金保険の保護の対象となる預金等の限度額（決済用預金を除く）
>   は、金融機関ごとに預金者1人当たり元本1,000万円までと破綻日
>   までの利息等の合計額である。

・解説と解答・

1）適切である。制度対象金融機関が対象預金の受入れを行ったことにより、
  預金保険法に基づいて保険契約が成立する。預金者の格別の意思表示は不
  要である（同法49条1項）。
2）不適切である。定期積金は、預金保険の対象とされている（預金保険法2
  条2項2号）。
3）適切である。全額保護対象となっている決済用預金は、「無利息、要求払
  い、決済機能あり」の3要件を備えることが必要である（預金保険法51条
  の2第1項、54条の2第1項、69条の2）。
4）適切である。預金保険によって保護の対象となる預金等の限度額は、記述
  のとおりである（預金保険法54条、同法施行令6条の2、6条の3、同法
  施行規則20条2項）。

正解　2）

1－7 金融機関の守秘義務

《問》金融機関の守秘義務（秘密保持義務）について、次のうち最も不適切なものはどれか。

1）金融機関が税務署の法令に基づく税務調査に応じ、顧客の承諾を得ずに取引履歴の開示をしても、原則として守秘義務違反とはならないとされている。

2）金融機関が自らの正当な利益を守るため、顧客やその保証人等に対し訴訟を提起する場合は、守秘義務違反とならない。

3）守秘義務は単なる道徳的義務ではなく法的義務とされているため、金融機関が情報をみだりに第三者に開示したなど守秘義務に反する行為を行った場合には、顧客に対して損害賠償責任を負うことがある。

4）弁護士法23条の2に則った弁護士会からの照会に対して、「取引先の承諾を得られない」として照会に回答しなかった場合は、刑事罰を受ける。

・解説と解答・

1）適切である。国税庁等の職員には質問検査権（国税通則法74条の2、国税徴収法141条）があり、銀行等の金融機関は正当な理由がなければ、それを拒絶することができないため、守秘義務が免除されると解されている。

2）適切である。

3）適切である。

4）不適切である。弁護士法によれば、弁護士は、受任している事件を処理するために必要な事実の調査等をするために、所属弁護士会に対して、公務所または公私の団体に照会して必要な事項の報告を求めることを申し出ることができ（同法23条の2第1項）、その申出を受けてなされた弁護士会からの照会について、公務所または公私の団体は公法上の報告義務を負い、正当な理由がない限り、報告すべきものと解されている。ただ、この報告義務の違反について、照会した弁護士会に対する不法行為を構成するものではないと解され（最判平28.10.18民集70巻7号1725頁）、また、同法には当該報告義務の違反に関する罰則も設けられていない。

正解　4）

1－8　金融機関職員の刑事責任

> 《問》金融機関職員の刑事責任について、次のうち最も適切なものはどれ
> か。
> 1）預金者が、借入れを希望する第三者から裏金利をとって金融機関に
> 　預金し、この預金を見返りとして、預金を担保に提供しないまま金
> 　融機関にその第三者に対する貸出を行わせた場合、預金者は刑事責
> 　任を問われるが、対応した金融機関職員は刑事責任を問われない。
> 2）金融機関職員が、その地位を利用し、自分の利益を図る目的で融資
> 　を行っても、その原資が職員個人の資金であれば、当該職員は刑事
> 　責任を問われない。
> 3）株式会社の発起人と払込金融機関職員が通謀して、発起人が当該金
> 　融機関からの借入金をもって株式の払込みを行い、借入金を返済す
> 　るまでは払込金を引き出さないことを約束して株式の払込みを仮装
> 　した場合、発起人は刑事責任を問われるが、当該職員は刑事責任を
> 　問われない。
> 4）マネー・ローンダリングが疑われる取引であったにもかかわらず金
> 　融機関職員が取引時確認を怠った場合、これをもって直ちに当該職
> 　員が刑事責任を問われるわけではない。

・解説と解答・

1）不適切である。このような「導入預金」は「預金等に係る不当契約の取締
　に関する法律」により禁止され、これに違反した金融機関職員は刑事責任
　を問われる（同法2条～5条）。
2）不適切である。このような「浮貸し」は「出資の受入れ、預り金及び金利
　等の取締りに関する法律」により禁止され、これに違反した金融機関職員
　は刑事責任を問われる（同法3条、8条3項、4項）。
3）不適切である。このような「預合い」は、資本充実の原則に反する行為と
　して、対応した職員も含めて刑事責任を問われる（会社法965条）。
4）適切である。金融機関が取引時確認を怠った場合、当該金融機関に対して
　是正命令が発出され、この命令に違反した者は刑事責任を問われる（犯罪
　収益移転防止法18条、25条）。取引時確認を怠ったことをもって直ちに刑
　事責任を問われるわけではない。　　　　　　　　　　　<u>正解　4）</u>

1－9　成年後見制度（Ⅰ）

《問》成年後見人の選任について、次のうち最も不適切なものはどれか。

1）家庭裁判所は、後見開始の審判をするときは、職権で、成年後見人を選任する。

2）認知症等により事理弁識能力を欠く常況にある者に対して成年後見人を選任する場合、成年被後見人となる者が婚姻していれば、当然に、その配偶者が成年後見人となる。

3）認知症等により事理弁識能力を欠く常況にある者に対して成年後見人を選任する場合で、成年被後見人となる者が婚姻していないときは、その父母のいずれか一方が成年後見人となることもある。

4）破産者は、成年後見人になることはできない。

・解説と解答・

1）適切である（民法843条1項）。

2）不適切である。配偶者の年齢、状況により、家庭裁判所が成年後見人として適当か否かを判断して選任するのであって（民法843条4項）、配偶者が当然に成年後見人になるわけではない。

3）適切である。父母から後見人を選任する場合も、家庭裁判所が成年後見人として適当か否かを判断して選任するのであって（民法843条4項）、成年後見人の任に適当な父母の一方が成年後見人となることもある。

4）適切である（民法847条3号）。

正解　2）

1－10　成年後見制度（Ⅱ）

《問》成年後見制度における成年後見人等の権限について、次のうち最も
不適切なものはどれか。

1）精神上の障害により事理を弁識する能力を欠く常況にある者につい
ては、家庭裁判所が審判により成年後見人を付し、成年後見人は、
成年被後見人自身が行った日常生活に関する行為以外の行為につい
て、取り消すことができる。

2）精神上の障害により事理を弁識する能力が著しく不十分な者につい
ては、家庭裁判所が審判により保佐人を付し、保佐人は、被保佐人
が保佐人の同意なく行った借金や訴訟行為などについて、取り消す
ことができる。

3）精神上の障害により事理を弁識する能力が不十分な者については、
家庭裁判所が審判により補助人を付し、補助人は、被補助人が補助
人の同意なく行った「申立ての範囲内で家庭裁判所が審判で定める
特定の法律行為」について、取り消すことができる。

4）成年後見人、保佐人、補助人は、それぞれ成年被後見人、被保佐
人、被補助人の法定代理人として、原則として、代理権を有する。

・解説と解答・

1）適切である（民法7条〜9条、120条1項）。

2）適切である（民法11条〜13条、120条1項）。

3）適切である（民法15条〜17条、120条1項）。

4）不適切である。成年後見人は代理権を有するが、保佐人、補助人には、原
則として代理権はなく、代理権を与えるためには、家庭裁判所に審判の申
立てを行い、代理権付与の審判を受ける必要がある（民法876条の4第1
項、876条の9第1項）。

<u>正解　4）</u>

1−11　預金契約の法的性質

《問》預金契約の法的性質に関する説明として、次のうち最も不適切なものはどれか。

1) 預金契約は、預金として預かった金銭それ自体ではなく、同じ種類の同じ価値の金銭を返還すればよい消費寄託契約の性質を有する契約である。

2) 預金契約の消費寄託契約性は、預かった金銭の返還を要しない別段預金の一部を除いて、すべての預金契約に共通する性質である。

3) 当座勘定取引契約は、消費寄託契約と手形・小切手の支払を委託する契約の混合契約である。

4) 預金契約に基づいて金融機関が処理すべき事務は預金の返還だけであり、当座預金を除き委任（準委任）に係る事務はない。

・解説と解答・

1) 適切である。預金契約は、民法666条に定める消費寄託契約に該当する。

2) 適切である。返還を要しない一部の別段預金以外は、預金として預かった金銭それ自体ではなく、同じ種類の同じ価値の金銭を返還する消費寄託契約とされる。

3) 適切である。当座預金は手形・小切手の支払資金として預かったものであるため、当座勘定取引契約は、消費寄託契約だけでなく、手形・小切手の支払委託（（準）委任契約）を含む契約と解される。

4) 不適切である。判例（最判平21.1.22民集63巻1号228頁・金法1864号27頁）では、振込入金の受入れ、各種料金の自動支払、利息の入金等の委任（準委任）事務も預金契約に基づく事務としている。

正解　4)

1－12　預金取引の相手方

《問》法人との取引における預金取引の相手方について、次のうち最も適
切なものはどれか。
1）公益社団法人においては、代表理事を相手方として預金取引を行
う。
2）学校法人において理事長が選任されている場合には、当該学校法人
の寄附行為の定めにかかわらず、ほかの理事を相手方として預金取
引を行うことはできない。
3）宗教法人では、選任された責任役員にそれぞれ代表権が認められて
いるので、いずれの責任役員を相手方としても預金取引を行うこと
ができる。
4）団体としての組織を備え、多数決の原則で運営され、構成員の変更
にかかわらず団体が存続し、総会の運営方法、財産の管理等が確定
している団体であっても、当該団体に法人格がなければ、その代表
者を相手方として当該団体との預金取引を行うことはできない。

・解説と解答・

1）適切である。公益社団法人は理事会設置一般社団法人であることから（公
益社団法人及び公益財団法人の認定等に関する法律5条14号ハ）、代表理
事の選任が必要であり（一般社団法人及び一般財団法人に関する法律90条
3項）、当該代表理事が代表権を有する（同法77条4項）ため、代表理事
を相手方として預金取引を行うこととなる。
2）不適切である。学校法人では、理事長が代表権を有するが、寄附行為によ
り理事長以外の理事に代表権を付与することもできる（私立学校法37条2
項）。
3）不適切である。宗教法人の代表者は、責任役員の互選で選ばれた代表役員
であり（宗教法人法18条1項、3項）、また、代表役員だけが登記される。
4）不適切である。法人格のない団体でも、法人と同等の実質的な組織を備え
ている団体であれば、権利能力のない社団として預金取引を行うこともで
きる。

正解　1）

1－13　預金の成立時期

> 《問》他店券による預金の成立等に関する説明として、次のうち最も適切
> なものはどれか。
> 1）支払場所である僚店の預金に券面額以上の残高があることを確認
> し、受入店で入金を記帳した場合、記帳時に預金契約が成立する。
> 2）他店券が決済されたことを確認した時に、預金契約が成立する。
> 3）入金記帳した他店券が不渡となった場合、いったんなされた入金記
> 帳を取り消すには、預金者の承諾が必要となる。
> 4）他店券の手形交換日当日であって決済確認前に、預金者が当該他店
> 券入金額に相当する預金残高全額の払戻しを求めてきた場合、預金
> 契約は成立しているので、銀行は払戻しに応諾せざるを得ない。

・解説と解答・

1）不適切である。残高照会をした時点で預金残高があっても、実際の引き落とし時に残高が不足していることもあり得るので、適切な説明とはいえない（普通預金規定ひな型4(1)）。

2）適切である。他店券による預金入金の場合、当該他店券が支払われた（決済された）ことを確認した時点で預金契約が成立するので、適切な説明である（普通預金規定ひな型4(1)）。

3）不適切である。上述のとおり、他店券の決済が確認されるまでは預金契約は成立しておらず、当該他店券が不渡になれば、預金者の承諾がなくても、入金記帳を取り消すことができるので、適切な説明とはいえない。なお、実務上は、預金者とのトラブル防止の観点から、不渡となったことを連絡することが望ましい（普通預金規定ひな型4(2)）。

4）不適切である。上述のとおり、他店券の決済確認前（不渡返還時限前）には預金契約は成立しておらず、預入銀行は払戻しに応じる必要はなく、適切な説明とはいえない（普通預金規定ひな型4(1)）。

正解　2）

1−14 振込における預金の成立時期

《問》振込入金があった場合における受取人と被仕向銀行との間で預金契
約が成立する時期として、次のうち最も適切なものはどれか。

1）仕向銀行が、被仕向銀行に振込通知を発信した時
2）被仕向銀行が、振込通知を受信した時
3）被仕向銀行が、受取人の預金口座に入金記帳した時
4）被仕向銀行が、受取人に入金通知を発信した時

・解説と解答・

　振込入金により受け入れた資金が受取人の支払資金となる時期（預金の成立
時期）は、受取人の預金口座に振込金の入金記帳が行われた時点であり（普通
預金規定ひな型3条、当座勘定規定ひな型3条、4条）、3）が適切である。
4）の預金者に対する振込金の入金通知は、振込があったという事実を伝える
行為にすぎない。

正解　3）

1−15 暴力団排除条項

《問》全国銀行協会の「当座勘定規定に盛り込む暴力団排除条項参考例」（平成23年（2011年）6月2日）の内容として、次のうち最も不適切なものはどれか。

1) 暴力団員でなくなった時から5年を経過していない場合、本人が既に暴力団を辞めていたとしても、反社会的勢力として扱われる。
2) 本人が暴力団員等でなくても、暴力的な要求行為や法的な責任を超えた不当な要求行為をした場合は、金融機関の判断により、取引の停止や解約をすることができる。
3) 本人が暴力団員等と判明すれば、当座勘定取引は当然に解約される。
4) 本人が暴力団員等と判明し、当座勘定取引が解約された結果、小切手の不渡等により本人に損害が生じても、金融機関は損害賠償責任を負わない。

・解説と解答・

1) 適切である。「暴力団員でなくなった時から5年を経過しない者」は、暴力団員等の反社会的勢力として取り扱う（暴力団排除条項参考例24条2項2号）。
2) 適切である（暴力団排除条項参考例24条2項3号）。
3) 不適切である。暴力団員等と判明した場合であって、かつ取引金融機関が当該者と引き続き取引を継続することが不適切である場合に当座勘定取引を解約できるのであって、当然に当座勘定取引が解約されるわけではない。
4) 適切である。解約によって当座勘定取引先に生じた損害について、金融機関は責任を負わない旨特約している（暴力団排除条項参考例24条2項）。

正解 3)

1－16　預金の相続（Ⅰ）

《問》共同相続人がいる場合の預金の相続等に関する次の記述のうち、最も適切なものはどれか。なお、遺言はないものとする。

1）遺産分割がされていない場合、共同相続人の１人から単独で、被相続人名義の預金口座に係る取引履歴の開示請求があったときは、金融機関は原則として、当該請求を謝絶しなければならない。

2）相続人はそれぞれ、自己のために相続の開始があったことを知った時から３カ月以内に家庭裁判所に申述して、相続の限定承認を行うことができる。

3）遺産に属する預貯金債権のうち一定額については、各共同相続人の単独での払戻しが認められる。

4）複数の相続人に共同相続された預金債権は、相続開始と同時に当然に分割承継される。

・解説と解答・

1）不適切である。共同相続人は、預金契約上の地位に基づき、被相続人の預金口座に係る取引履歴の開示を求める権利を、それぞれ単独で行使することができる（最判平21.1.22民集63巻１号228頁・金法1864号27頁）。

2）不適切である。民法923条は、相続人が複数いる場合は、全員が共同してのみ限定承認することができると定めており、各相続人が単独でできるとするのは不適切である（民法915条１項、923条、924条）。

3）適切である。各相続人は、遺産に属する預貯金債権のうち、その相続開始時の債権額の３分の１に当該払戻しを求める共同相続人の法定相続分を乗じた額については、原則として、単独でその権利を行使することができる。なお、標準的な当面の必要生活費や平均的な葬儀費用の額等を勘案し法務省令で定める額を、金融機関ごとに払戻しを受けることのできる上限額（１金融機関ごとに150万円）としている（民法909条の２、民法第九百九条の二に規定する法務省令で定める額を定める省令）。

4）不適切である。2016年の最高裁決定により、複数の相続人に共同相続された預金債権は、相続開始と同時に当然には分割承継されることなく、遺産分割の対象となると解されることとなった（最決平28.12.19民集70巻８号2121頁・金法2061号68頁。なお、当該決定において判断の対象とされてい

るものは、普通預金債権、通常貯金債権および定期貯金)。

<u>正解　3）</u>

1－17 預金の相続（Ⅱ）

《問》相続の放棄等について、次のうち最も適切なものはどれか。
1）相続人は、自己のために相続の開始があったことを知った時から、
　6カ月以内であれば、相続放棄の手続をとることができる。
2）被相続人の債務が相続財産以上にあるような場合、相続人は、相続
　によって得た財産の範囲内でのみ被相続人の債務等を支払う旨を留
　保して相続の承認をするという、限定承認の手続をとることができ
　る。
3）共同相続の場合に限定承認の手続を行うには、限定承認をしようと
　する相続人がそれぞれ単独で家庭裁判所に申述する必要がある。
4）相続人が、自分が相続人であることを知ったにもかかわらず、相続
　について単純承認、限定承認、放棄のいずれの意思表示もしない場
　合、当該相続人は相続を放棄したものとみなされる。

・解説と解答・

1）不適切である。相続放棄の手続は、自己のために相続の開始があったこと
　を知った時から、原則として3カ月以内に行う必要がある（民法915条1
　項）。
2）適切である（民法922条）。
3）不適切である。共同相続の場合の限定承認は、共同相続人全員が共同して
　家庭裁判所に申述する必要がある（民法923条）。
4）不適切である。相続人が、自己のために相続の開始があったことを知った
　時から、3カ月以内に限定承認または相続の放棄をしなかったときは、単
　純承認をしたものとみなされる（民法921条2号）。

正解　2）

1－18 預金の差押え（Ⅰ）

《問》預金の差押えについて、次のうち最も不適切なものはどれか。
1）差押命令による払戻禁止の効力は、差押命令が金融機関に送達された時点で発生するため、その送達を受領した金融機関は、受領後直ちに払戻停止措置をとる必要がある。
2）差押命令が金融機関の本店に送達され、差押対象の預金の管轄店に通知されずに放置された結果、管轄店が差押命令の存在を知らずに当該預金の預金者に預金を払い戻した場合、金融機関は、当該払戻しにつき差押債権者に対抗することはできない。
3）差押えの対象となる預金債権を特定するために必要となる事項として、預金の有無、当該預金を取り扱う店舗、当該預金の種別、口座番号および金額に関する情報を提供するよう執行裁判所から命じられた場合であっても、金融機関が応じるべき法的義務はなく、預金者の了承が得られない場合は、当該情報提供命令に応じる必要はない。
4）差押命令に陳述の催告が付されていた場合、第三債務者である金融機関は、差押命令の送達の日から2週間以内に裁判所に対して陳述する法的義務を負う。

・解説と解答・

1）適切である。差押えの効力は、差押命令が第三債務者（預金の場合は金融機関）に送達された時に生じる（民事執行法145条5項）。
2）適切である。差押命令が預金のある金融機関に送達されれば、預金の管轄店への送達でなくても差押命令の効力は生じる。また、実務的には、本店に送達された場合、遅滞なく預金の管轄店に差押命令を転送すると同時に、支店間で連携し速やかに払戻停止措置をとることができると考えられる。そのため、預金の管轄店以外の店舗に差押命令が送達され、放置される等遅滞なく払戻停止措置がとられていない場合、金融機関は、当該払戻しにつき差押債権者に対抗することはできない。
3）不適切である。執行裁判所からの情報提供命令による金融機関への照会により、当該金融機関は法令の規定に基づいて開示義務を負う者となるため、金融機関が顧客情報を開示しても守秘義務違反には当たらず、当該照

　　会に応じる義務があると解される（民事執行法207条 1 項、民事執行規則
　　191条 1 項）。
4 ）適切である（民事執行法147条 1 項、 2 項）。

<u>正解　　3 ）</u>

1−19 預金の差押え（Ⅱ）

《問》転付命令と預金の差押えの説明として、次のうち最も不適切なもの
はどれか。
1）差押債権者が預金債権に対して転付命令を得て確定すると、その転
付命令の確定時点で預金債権は差押債権者に移転する。
2）銀行に転付命令が送達された後に、別の債権者が当該預金を差し押
さえたとしても、差押えの効力は生じない。
3）転付命令送達前に別の差押えがあり、転付債権者との間で預金に対
する差押えが競合している場合、当該転付債権者は転付命令の効力
を得ることはできない。
4）第三債務者である銀行は、転付命令確定の事実を裁判所書記官が交
付する「証明書」によって確認することができる。

・解説と解答・

1）不適切である。転付命令が確定すると、転付命令が第三債務者（銀行）に
送達された時に差押債権者の債権は当該転付命令に係る債権の券面額で弁
済されたものとみなされる（民事執行法160条）。したがって、転付命令の
確定時点ではなく第三債務者への送達時に弁済の効力が生じる。
2）適切である。上述のとおり、転付命令が確定すると、転付命令の効力は第
三債務者（銀行）への送達時に発生するので、別の債権者が差し押さえた
としても、いわゆる空振りとなる。
3）適切である。転付命令が第三債務者に送達される時までに別の債権者が当
該預金を差し押さえると、転付命令はその効力を生じない（民事執行法
159条3項）。
4）適切である。第三債務者は、転付命令が確定したことの証明を裁判所書記
官に申請することにより、証明書の交付を受けることができる（民事訴訟
規則48条1項、民事執行規則15条の2）。

正解　1）

24

1－20　預金に対する差押えの競合

《問》 1つの預金に複数の差押えがなされ、差押競合となった場合について、次のうち最も不適切なものはどれか。
1）強制執行による差押えがなされた預金に、別の強制執行による差押えがなされて差押競合となった場合、預入金融機関は、その債権の全額に相当する金額を供託しなければならない。
2）強制執行による差押えがなされた預金に、さらに滞納処分による差押えがなされて差押競合となった場合、預入金融機関は、その債権の全額に相当する金額を供託しなければならない。
3）滞納処分による差押えがなされた預金に、さらに強制執行による差押えがなされて差押競合となった場合、預入金融機関は、滞納処分を行った税務当局等に支払をするか供託するかを選択することができる。
4）滞納処分による差押えがなされた預金に、別の滞納処分による差押えがなされて差押競合となった場合、預入金融機関は、その債権の全額に相当する金額を供託しなければならない。

・解説と解答・

1）適切である。先行が強制執行による差押えで後行も強制執行による差押えであって差押競合となった場合、第三債務者は義務供託として、その債権の全額に相当する金額を供託しなければならない（民事執行法156条2項）。
2）適切である。先行が強制執行による差押えで後行が滞納処分による差押えであって差押競合となった場合は、義務供託となる（滞調法36条の6）。
3）適切である。先行が滞納処分による差押えで後行が強制執行による差押えの場合は、第三債務者である金融機関は、先行する税務当局等に支払をするか、権利供託として供託して債務を免れることもできる（滞調法20条の6）。
4）不適切である。先行も後行も滞納処分による差押えの場合は、先行する税務当局等に支払えばよく、義務供託とはならない（国税徴収法12条、13条）。

正解　4）

1－21 預金の残高証明書

《問》預金の残高証明書の効果等について、次のうち最も適切なものはどれか。

1）実際の預金残高未満の金額で誤って残高証明書を発行したが、預金者が誤記載に異議を述べない場合、銀行は残高証明書に記載の金額以上の預金を払い戻す義務はない。
2）預金の残高証明書を郵送するに際し、誤った宛先へ送付をしたが、送付先から当該郵便物を回収さえすれば特段問題はない。
3）残高証明書の発行は預金者本人への発行が原則であるが、預金者から委任を受けた代理人に対してであれば、発行してもさしつかえない。
4）未決済の他店券がある場合でも、支払場所が僚店で、残高証明書発行時点で僚店の預金に他店券の券面額以上の残高があることが確認できていれば、注記等せずに預金残高に含めて残高証明書を作成してさしつかえない。

・解説と解答・

1）不適切である。残高証明書の誤記載により、預金残高自体が影響を受けることはなく、当然銀行の支払義務も変わらず、正しい預金残高について支払義務を負う。
2）不適切である。顧客の預金残高情報は、銀行の守秘義務の対象であり、宛名に記載の住所と氏名は見られており、誤送付された者が開封して中を見ている可能性がある以上、単に誤送付した郵便物を回収すればよいというわけではなく、情報漏えいに準じた取扱いをすべきである。
3）適切である。預金者からの指示により第三者（例えば、監査法人等）に残高証明書を発行しても、銀行の守秘義務は解除されているので、発行することは特段問題はない。
4）不適切である。残高証明書発行時点で残高が確認できていても、未決済である以上、預金契約は成立していない。万一、不渡となった場合、トラブルとなりかねないので、注記すべきである。

正解 3）

1−22　普通預金債権の消滅時効

《問》普通預金債権の消滅時効に関する説明として、次のうち最も適切な
ものはどれか。
1）消滅時効期間内に普通預金の払戻しが行われない限り、最初に預金
を受け入れた時から起算した消滅時効期間の経過により、普通預金
債権は消滅する。
2）入出金が長期間なされていない普通預金の残高について、金融機関
が雑益処理をした場合は、その後預金者から払戻しを求められて
も、金融機関は時効完成を理由に払い戻す余地はない。
3）金融機関が、消滅時効の完成前に普通預金の残高証明書を預金者に
発行すると、その時点から普通預金債権の新たな消滅時効期間が進
行する。
4）金融機関が普通預金債権の消滅時効を援用することは、法的には認
められない。

・解説と解答・

　債権法の改正により、消滅時効期間は、①債権者が権利を行使することがで
きることを知った時（主観的起算点）から5年間、②権利を行使することがで
きる時（客観的起算点）から10年間、のいずれかとされ（民法166条1項）、そ
のいずれか早く到来した時から時効の援用が可能となっている。また、時効の
中断は「更新」に、停止は「完成猶予」とされた。なお、普通預金の成立時点
が民法改正施行日（令和2年4月1日）よりも前の場合は、改正前民法が適用
されることとなるため、改正後の民法における主観的起算点を特に考慮する必
要はない。
1）不適切である。通帳記帳や残高証明書の発行等が権利の承認として時効の
　更新事由と考えられるので（民法152条1項）、普通預金口座からの払戻し
　がいっさい行われていなかったとしても、時効が更新される場合がある。
2）不適切である。雑益処理を行った後でも、預金が雑益処理により消滅した
　こと、申出人が預金者であることが確認できれば、払戻しに応じるのが慣
　行である。
3）適切である。1）を参照。
4）不適切である。2）のとおり、金融機関としては、安易な時効援用は避け

るべきであり、時効の援用をしないことが慣行となっているが、法的に金
融機関に消滅時効の援用が認められないわけではない。

<u>正解　3）</u>

1－23　預金取引先の法的整理

《問》預金取引のある会社が法的整理を申し立てた場合等における金融機
関の対応として、次のうち最も不適切なものはどれか。
1）普通預金取引のある会社に破産手続開始決定がなされた場合、普通
　　預金取引は当然に終了するので、口座解約手続を行うこととなる。
2）定期預金取引のある会社に民事再生手続開始決定がなされた場合、
　　その会社に保全管理人や管財人が選任されていなければ、引き続き
　　その会社の代表者との間で定期預金取引を継続することとなる。
3）通知預金取引のある株式会社に特別清算開始の命令がなされた場
　　合、その株式会社の清算人との間で通知預金取引を継続すること
　　となる。
4）当座勘定取引のある株式会社に会社更生手続開始決定がなされた場
　　合、その株式会社の管財人との間で当座勘定取引を継続すること
　　となる。

・解説と解答・

1）不適切である。普通預金契約は消費寄託契約であり、預金者について破産
　　手続が開始されても当然に契約が終了するわけではなく、破産管財人を相
　　手方として預金取引を継続する（破産法78条1項）。ただし、通常は、破
　　産財団の資産として破産管財人名義の預金口座が別途開設され、従前の破
　　産会社名義の口座は破産管財人によって解約され、その払い戻された金銭
　　は、破産管財人名義の預金口座での管理となる。
2）適切である。民事再生手続に際して保全管理人や管財人が選任されない場
　　合、預金者である会社の代表者等（再生債務者）を相手方として預金取引
　　を継続することとなる（民事再生法38条1項）。
3）適切である。株式会社について特別清算手続が開始されると、預金取引を
　　行う権限は清算人に移るので、清算人を相手方として預金取引を継続する
　　こととなる（会社法481条、482条、483条）。
4）適切である。株式会社が会社更生手続開始決定を受けると、預金取引を行
　　う権限は管財人に移るので、管財人を相手方として預金取引は継続する
　　（会社更生法72条、73条）。

正解　1）

1-24 当座勘定取引開始時の留意点

《問》当座勘定取引を開始する際の留意点として、次のうち最も不適切な
ものはどれか。
1）当座勘定取引の開始は、顧客等との継続的取引の開始に該当するの
で、取引時確認を行い、その記録を保存する必要がある。
2）当座勘定取引を開始する際は、申込者の実在性、法人格の有無、行
為能力の有無等の法的能力の確認に加えて、信用状態についても調
査する必要がある。
3）当座勘定取引における取引名義は、法令等によって、戸籍上の氏名
や商業登記記録上の名称とすることが義務付けられており、通称や
屋号を取引名義とすることはいっさいできない。
4）当座勘定取引を開始する際に、申込者の信用状態等に関する調査を
安易に省略し、その結果、第三者等が損害を被った場合、不法行為
に基づく損害賠償責任が生ずる場合がある。

・解説と解答・

1）適切である。当座勘定取引の開始（契約の締結）は、犯罪収益移転防止法
に定める特定取引に該当する（同法4条、6条、7条、同法施行令7条）。
2）適切である。当座勘定取引を行うに際して使用される統一手形・小切手用
紙には高い信用力があるので、当座勘定取引の開始の際には、与信取引に
準じて取引の相手方の法的能力だけでなく信用状態を調査する必要があ
る。
3）不適切である。本名以外による取引名義を広く認めることは望ましくない
が、社会生活上、広く一般に認識されている通称や屋号であれば、その名
義による取引を認めることができる場合がある。
4）適切である。信用状態に関する調査義務は経済上の道徳的な義務にとどま
り、法的な義務とまではいえないものの、当座勘定取引申込者が不正な目
的で口座を開設しようとしているような場合に、漫然と口座開設を行うよ
うな場合にまで、不法行為に基づく損害賠償責任が一概に否定されるべき
ではないとの裁判例（東京高判昭55.4.15金法935号75頁）もあるので、調
査の安易な省略は避けるべきである。

正解 3）

1-25 当座勘定取引の終了

《問》当座勘定取引の終了に関する説明として、次のうち最も不適切なも
のはどれか。

1）当座勘定取引先である個人が死亡した場合、当座勘定取引は当然に
法定相続人に承継され、法定相続人が複数人いる場合は、法定相続
分に応じて法定相続人が分割承継する。

2）当座勘定取引先が破産手続開始の決定を受けた場合、破産手続開始
の決定時点で当然に当座勘定取引は終了となる。

3）不良取引先との当座勘定取引を解約する場合、解約通知が必要とな
るが、当該通知が所在不明で相手方に到達しなかった場合は、当該
通知が通常到達すべき時に解約の効力が生じる。

4）手形交換所の取引停止処分を受けた取引先との当座勘定取引を解約
する場合は、解約通知を発信した時に解約の効力が生じる。

● 解説と解答 ●

1）不適切である。当座勘定取引は法的に委任の要素を含んでいるため、取引
先の死亡により委任関係が終了することで（民法653条1号）、当座勘定取
引も終了する。

2）適切である。取引先が破産手続開始決定を受けると、委任関係も終了する
（民法653条2号）。

3）適切である。委任契約はいつでも解約することができるが、いわゆる任意
解約の場合は、解約の意思表示が相手方に到達することが必要である。他
方、当座勘定規定では、解約通知が相手方に到達しなかった場合、通常到
達すべき時に到達したものとみなす旨特約しており（当座勘定規定ひな型
23条1項、2項）、当該通知が相手方に到達しなくても、通常通知書が到
達すべき時に解約の効力が生じる。

4）適切である。取引停止処分を理由とする解約については、当座勘定規定に
おいて解約通知の発信時に解約の効力が生じる旨定めている（当座勘定規
定ひな型23条3項）。

正解　1）

1−26 過振り

《問》過振りについて、次のうち最も不適切なものはどれか。
1）銀行が裁量により支払資金を超えて手形・小切手を支払った場合、取引先は銀行の請求により、不足金を支払わなければならない。
2）銀行が裁量により支払資金を超えて手形・小切手を支払った場合、その後に当座勘定に受け入れまたは振り込まれた資金は、不足金に充当される。
3）銀行は、その裁量により手形・小切手を支払ったのであるから、その不足金が支払われなかった場合において、銀行がほかに預金債務を負担していたとしても、その不足金の支払請求権を自働債権として相殺をすることはできない。
4）銀行が裁量により支払資金を超えて手形・小切手の支払を行い、その不足金が支払われないときは、取引先から当座勘定に受け入れまたは振り込まれている証券類は、その不足金の担保として譲り受けたものとするとされている。

・解説と解答・

1）適切である。当座勘定規定ひな型11条１項は、「第９条の第１項にかかわらず、当行の裁量により支払資金をこえて手形、小切手等の支払をした場合には、当行からの請求がありしだい直ちにその不足金を支払ってください」としている。
2）適切である。当座勘定規定ひな型11条３項は、「第１項により当行が支払をした後に当座勘定に受け入れまたは振込まれた資金は、同項の不足金に充当します」としている。
3）不適切である。当座勘定規定ひな型11条４項は、「第１項による不足金、および第２項による損害金の支払がない場合には、当行は諸預り金その他の債務と、その期限のいかんにかかわらず、いつでも差引計算することができます」としている。
4）適切である。当座勘定規定ひな型11条５項は、「第１項による不足金がある場合には、本人から当座勘定に受け入れまたは振込まれている証券類は、その不足金の担保として譲り受けたものとします」としている。

正解 3）

第 2 章

手形・小切手、電子交換制度、電子記録債権

2-1　手形の法的性質

《問》X銀行Y支店の行員Sと行員Tが、手形の法的性質について会話している。次のSとTの会話において、Sの質問に対するTの回答として、下線㋐～㋓のうち最も不適切なものはどれか。

> S：手形を振り出す際に記載すべき事項というのは、手形法上、定まっていますか。
>
> T：㋐はい。手形は要式証券とされており、手形法によって手形を振り出す際の必要的記載事項、すなわち手形要件が定められています。
>
> S：Aが、Bから購入した商品の売買代金支払のために、Bが所定の日までに商品を引き渡すことを支払の条件とした100万円の約束手形をBに対して振り出したいと考えている場合、Aはそのような手形を振り出すことができますか。
>
> T：㋑できます。手形は有因証券であるため、手形を振り出す原因となった売買契約の履行を条件とする手形を振り出すことは手形の本質には反せず、そのような手形は有効です。
>
> S：振出人が手形の裏書を禁止することはできますか。
>
> T：㋒はい。手形は指図証券ですが、手形上に「指図禁止」等の裏書譲渡を禁止する文言を記載することは、手形法で認められています。
>
> S：約束手形の所持人が振出人に対して手形金の支払を請求する場合、その約束手形の呈示は必要ですか。
>
> T：㋓はい。手形は呈示証券なので、手形の所持人が債務者である振出人に対して支払を請求する場合も、手形を呈示する必要があります。

1）下線㋐
2）下線㋑
3）下線㋒
4）下線㋓

・解説と解答・

1）適切である。手形は要式証券であり、手形法上、手形を振り出す際の必要的記載事項（手形要件）が定められている（同法 1 条、75条）。そして、それらの要件を欠いた手形は、原則として無効とされる（同法 2 条 1 項、76条 1 項）。

2）不適切である。手形は無因証券であり、手形が振り出された原因関係等の手形外の法律関係（本問ではAとBとの売買契約）の影響を受けない。したがって、Aの手形債務の負担をBの商品引渡債務の履行を条件とすることはできず、そのような手形は無効となる。

3）適切である。手形は、法律上当然の指図証券（手形法11条 1 項、77条 1 項 1 号）である。すなわち、証券上に特定の者が権利者として指定され、その者またはその者の指図人に対して手形金を支払うことを約束した証券である（なお、統一手形用紙には指図文句が印刷されているため、法律上当然の指図証券であることが問題となることはほとんどない）。指図証券の譲渡は、裏書によってなされるが、振出人は、手形上に「指図禁止」等の手形の裏書譲渡を禁止する文言を記載することができ、そのような記載がある手形は、指名債権の譲渡方法および効力をもってのみ譲渡できるとされている（同法11条 2 項、77条 1 項 1 号）。

4）適切である。手形金の請求をする際には、手形を呈示する必要がある（手形法38条 1 項、77条 1 項 3 号）。

正解　2）

2－2　約束手形要件

《問》約束手形における記載項目のなかで、必ず記載しなければならない
もの（必要的記載事項）は次のうちどれか。
1）利息文句
2）分割払いの約束
3）支払場所
4）受取人

・解説と解答・

1）確定日払および日付後定期払の各手形の利息文句は、無益的記載事項（記載しても手形自体は無効とはならないが、その記載は無意味で特段の効果を生じない事項）であるが、一覧払および一覧後定期払手形には、任意的記載事項（記載しなくても手形が無効とはならないが、記載すればその記載どおりの効力が認められる事項）として利息文句を記載することができる（手形法5条、77条2項）。
2）有害的記載事項である（記載すると手形自体が無効となる事項）。分割払いの記載をすると、手形自体が無効となる（手形法33条2項、77条1項2号）。
3）任意的記載事項である（手形法4条、77条2項）。
4）必要的記載事項である（手形法75条5号）。

正解　4）

2－3　振出人の記載方法

《問》株式会社Ｚ商店の代表取締役Ａが約束手形を振り出す際の振出人欄の記載方法として、次のうち最も不適切なものはどれか。

1）「株式会社Ｚ商店　代表取締役Ａ」と自署をする方法は、手形法上認められている。

2）ゴム印で「株式会社Ｚ商店　代表取締役Ａ」と記載し、届出印の捺印をする方法は、手形法上認められている。

3）ゴム印で「株式会社Ｚ商店」と記載することもできるが、その場合の捺印は、必ず実印でなければならない。

4）ゴム印で「株式会社Ｚ商店　代表取締役Ａ」と記載し、捺印の代わりにＡの拇印が捺されていた場合は、不適格とされている。

・解説と解答・

1）適切である。法人が約束手形を振り出す場合には、会社名の記載とともに、「代表取締役」という肩書きと代表取締役の氏名を署名する必要がある。なお、法律的には自署があれば捺印をする必要はないが、銀行取引においては、銀行は、届出印と照合して支払うため（当座勘定規定ひな型14条、16条）、自署だけでは実際には支払はなされない（なお、署名鑑が届けられている場合は、署名だけで支払がなされる）。

2）適切である。ゴム印等手書き以外の方法で名称を記載して押捺する方法を記名捺印といい、署名に含まれるものとされている（手形法82条）。

3）不適切である。単に法人名を記載して押印するだけでは、記名捺印として無効である（最判昭41.9.13民集20巻7号1359頁・金法458号8頁）。

4）適切である。記名捺印に際して使用される印章に代えて拇印を捺すことは、手形法にいう署名とはならないとされている（大判昭7.11.19民集11巻2120頁）（ただし、近時、学説としては法律上は有効であると解する考え方が強くなっている）。そのため、法律上、実印、銀行届印、認印等の何らかの印鑑を押捺する必要がある。ただし、銀行届出印以外の印章が使用された場合、その手形は法律上有効だが、届出印との印鑑照合ができない以上、銀行は支払を行わないこととなる（当座勘定規定ひな型14条、16条）。

正解　3）

2－4　約束手形の支払

《問》約束手形の支払における支払金融機関の留意事項として、次のうち
　　最も適切なものはどれか。

1）統一手形用紙が使用されていれば、金額以外の手形要件の記載の有
　　無については確認する必要はない。

2）実務上、手形面上に複数の手形金額が記載されていた場合、当座勘
　　定規定の定めに従って、文字と数字とでは文字が優先し、文字と文
　　字あるいは数字と数字とでは、最小金額を手形金額として取り扱う
　　必要がある。

3）裏書の連続については、形式的に連続していることを確認するだけ
　　ではなく、裏書人の署名が真正のものであるかどうかについても確
　　認する必要がある。

4）手形の振出人が当座勘定取引先であることを確認したうえで、当該
　　取引先から事故届が提出されていないことを確認する必要がある。

・解説と解答・

1）不適切である。統一手形用紙が使用されていても金額欄以外の手形要件と
　　して受取人、満期、振出日、振出人の署名（記名捺印）等があり、その不
　　記載は手形の有効性に関係するため、確認の必要がある（手形法75条）。

2）不適切である。手形法上における金額の複記の取扱いは本肢に記載のとお
　　りである（同法6条、77条2項）が、当座勘定規定ひな型6条において、
　　金額が複記されている場合には、所定の金額欄に記載された金額に基づい
　　て取り扱うことが約定されており、支払金融機関は、この当座勘定規定に
　　従って支払を行うこととなる。

3）不適切である。裏書人の署名が真正であるかどうかについては確認する必
　　要はない（手形法40条3項、77条1項3号）。

4）適切である。約束手形の振出人と支払金融機関との間では当座勘定取引契
　　約が締結されており、約束手形の振出人は支払金融機関に手形の支払を委
　　託している（当座勘定規定ひな型7条）。約束手形の振出人から手形の事
　　故届が支払金融機関に提出されると、その手形に係る支払委託が取り消さ
　　れたこととなるため、手形の支払をする前には、事故届の有無を確認する
　　必要がある。

<u>正解　4）</u>

2－5　支払呈示期間経過後の手形・小切手の取扱い

《問》X銀行の行員Aと行員Bが、手形・小切手の支払呈示等について会話をしている次の下線㋐～㋓のうち、最も不適切なものはどれか。

A：手形の支払呈示期間は、どのように定められていますか。

B：㋐一覧払手形の場合を除き、支払をなすべき日およびこれに次ぐ2取引日内です。

A：約束手形の所持人が振出人に対して、支払呈示期間が過ぎてから手形を支払呈示する場合は、手形上に記載のある支払場所に呈示することができますか。

B：㋑できます。支払場所の記載が手形面上に記載されている以上、所持人が支払呈示する場所は、その支払場所に限ります。

A：支払呈示期間経過後に支払呈示された手形は、不渡返還ができますか。

B：㋒0号不渡として、不渡返還ができます。

A：それでは、小切手の場合はどうですか。

B：㋓小切手の場合は、それだけでは不渡返還ができません。支払呈示期間が経過していることに加えて、支払委託の取消しが必要です。

1）下線㋐
2）下線㋑
3）下線㋒
4）下線㋓

・解説と解答・

1）適切である（手形法38条1項、77条1項3号）。
2）不適切である。支払場所は支払呈示期間内において呈示する場所であり、支払呈示期間経過後には、所持人は支払地内における振出人の営業所または住所において支払呈示しなければならない（民法520条の8）。
3）適切である（電子交換所規則施行細則33条1項1号①）。
4）適切である（電子交換所規則施行細則33条1項1号①）。

正解　2）

2－6　小切手の譲渡

《問》小切手の譲渡について、次のうち最も不適切なものはどれか。

1）持参人払式小切手を裏書により譲渡した場合には、指図式小切手となるので、以後は交付により譲渡することができない。

2）記名式小切手は、裏書により譲渡できる。

3）記名持参人払式小切手は、持参人払式小切手とみなされるので、交付により譲渡することができる。

4）持参人払式小切手を交付により取得した場合に、交付者が無権利者であっても、取得者に小切手の善意取得が認められる可能性がある。

・解説と解答・

1）不適切である。持参人払式小切手を裏書により譲渡した場合でも、指図式小切手に変わることはなく、その裏書人が担保（遡求）義務を負うにすぎない（小切手法20条）。したがって、その後の所持人は、裏書だけでなく単なる交付によっても譲渡することができる。

2）適切である（小切手法14条1項）。

3）適切である（小切手法5条2項）。

4）適切である。小切手も善意取得による保護が規定されている（小切手法21条）。持参人払式小切手の交付による取得は、小切手法が認めている譲渡方法であり、善意取得の適用がある。

正解　1）

2－7 小切手の支払呈示期間

《問》 Aは、振出日が「X年9月10日」と記載された先日付小切手を受け取った。この場合について、次のうち最も不適切なものはどれか。
1) この小切手の支払呈示期間は、10日間である。
2) この小切手の支払呈示期間の起算日は、振出日と記載されたX年9月10日である。
3) 支払呈示期間中に休日があった場合でも、支払呈示期間が延長されることはない。
4) この小切手の実際の振出日がX年8月10日であった場合、AはX年8月13日に支払呈示をすることができる。

・解説と解答・

1) 適切である。小切手の支払のための呈示期間は、振出日として記載された日の翌日から起算して10日間である（小切手法29条1項、4項、61条）。
2) 不適切である。支払呈示期間の計算は、振出日として記載された日の翌日を起算日とする（小切手法61条）。
3) 適切である。支払呈示期間中に休日があっても、期間が延長されることはない（小切手法60条2項第2文）。ただし、期間の末日が休日に当たるときは、呈示期間は次の取引日まで延長される（同法60条2項第1文）。
4) 適切である。実際の振出日より先の日付を振出日と記載して振り出された小切手を、先日付小切手という。このような小切手であっても一覧払である以上、小切手に記載された振出日より前に支払呈示することができる（小切手法28条2項）。

正解 2)

2－8 線引小切手

《問》券面に引かれた2本の平行線内に「Bank」と記載され、支払銀行をX銀行Y支店とする小切手を所持しているAは、X銀行Y支店の店頭で当該小切手の現金払いを求めた。次のうち、Aが支払を受けることができない場合はどれか。

1）Aが、以前からのX銀行Y支店の融資取引先であった場合
2）Aは、X銀行Y支店の取引先ではなかったが、X銀行Z支店の以前からの融資取引先であった場合
3）Aは、X銀行Y支店はもとよりX銀行のどの支店とも取引はなかったが、当該小切手券面の平行線内の「Bank」の文字が二重線で抹消され、抹消印として振出人の届出印が押印されていた場合
4）Aは、X銀行Y支店はもとよりX銀行のどの支店とも取引はなかったが、当該小切手の裏面に振出人の届出印が押印されていた場合

・解説と解答・

1）支払を受けることができる。本問の小切手は一般線引小切手であり、この小切手の支払人は銀行または支払人（X銀行）の取引先にのみ小切手金を支払うことができる（小切手法38条1項）。したがって、支払人であるX銀行Y支店は取引先であるAに対して小切手金を支払うことができる。

2）支払を受けることができる。Aは、支払人であるX銀行Y支店と同じ銀行のZ支店で融資取引があり、その支店での取引を通じてAの身元が判明している。このように同行他支店の取引先も「支払人の取引先」に含まれる。したがって、X銀行Y支店はAに対して小切手金を支払うことができる。

3）支払を受けることができない。一般線引小切手の線引を抹消しても、抹消していないものとみなされる（小切手法37条5項）。したがって、X銀行Y支店は取引先ではないAに小切手金を支払うことはできない。

4）支払を受けることができる。線引小切手の裏面に取引先である振出人の届出印があるもの（裏判があるもの）については、支払銀行は自己の取引先ではない者から支払呈示があっても小切手金を支払うことができる（当座勘定規定ひな型18条1項）。したがって、X銀行Y支店はAに対して小切手金を支払うことができる。

<u>正解　3）</u>

2－9　自己宛小切手

《問》Aから依頼されてX銀行が振り出した自己宛小切手について、次の
うち最も不適切なものはどれか。
1）自己宛小切手とは、銀行が振出人と受取人を兼ねている小切手であ
る。
2）自己宛小切手の振出を依頼したAは、X銀行に対してその券面額相
当の金銭を交付しているが、X銀行に対して支払委託をしているわ
けではない。
3）自己宛小切手は、銀行が振出人の地位も兼ねているので、支払呈示
期間内に小切手の所持人から支払呈示があったにもかかわらず支払
拒絶をすると、銀行は小切手の所持人に対して遡求義務を負担する
こととなる。
4）X銀行がAからこの自己宛小切手の支払差止依頼を受けた場合で
も、X銀行はこの小切手の支払を行うこともできる。

・解説と解答・

1）不適切である。小切手においては、振出人は自己宛、すなわち自分に対し
て支払を委託する形式で振り出すことが認められており（小切手法6条3
項）、これを自己宛小切手という。したがって、自己宛小切手は振出人が
支払人を兼ねているものである。
2）適切である。自己宛小切手の発行依頼人と銀行との間の関係は小切手の売
買と解されており、支払委託関係はないとされている。
3）適切である。自己宛小切手は振出人が自分を支払人として振り出したもの
であるから、銀行は遡求義務を負う（小切手法39条）。
4）適切である。発行依頼人と銀行との間には支払委託関係はないので、銀行
が発行依頼人であるAから支払差止依頼を受けても、小切手の支払を行う
かどうかは銀行が判断することができ、支払を行うこともできる。もっと
も、このような依頼を受けた場合、銀行は、その小切手の支払を行うに際
して、小切手所持人が真の権利者であるかについて、より一層慎重な対応
を求められることとなる。

正解　1）

2－10　手形と小切手の相違点

《問》X銀行Y支店の行員Aと行員Bが、手形と小切手の相違点について会話をしている。次のAとBの会話において、Aの質問に対するBの回答として、下線㋐～㋓のうち最も不適切なものはどれか。

A：小切手は、振出人が支払人に対して一定の金額の支払を委託する形式になっていますが、手形も同じですか。

B：㋐手形には、約束手形と為替手形があります。約束手形は振出人自身が支払を約束するという形式になっていますが、為替手形は小切手と同様の形式です。

A：約束手形の振出人は絶対的な支払義務を負うといわれていますが、為替手形や小切手ではどうなのですか。

B：㋑為替手形の振出人は絶対的な支払義務を負いますが、小切手の振出人は遡求義務しか負いません。

A：手形の場合は、手形法上、必ず受取人を記載しなければならないことになっていますが、小切手の場合も、必ず受取人を記載しなければならないのでしょうか。

B：㋒いいえ。小切手の場合は、受取人を記載してもしなくてもかまいません。

A：小切手の場合は、所持人が支払呈示をする日が満期日になりますが、手形の満期はどのようになっていますか。

B：㋓手形でも、満期について小切手の場合と同じようにして振り出すことができますが、手形法上は4つの満期の種類があり、そのうち、特定の日を満期として定めた確定日払のものがほとんどです。

1）下線㋐
2）下線㋑
3）下線㋒
4）下線㋓

・解説と解答・

1）適切である。為替手形と小切手は支払人に支払を委託するものであるが（手形法1条2号、小切手法1条2号）、小切手の支払人は銀行に限定されている（同法3条）。約束手形は、振出人自身が支払うことを約束するものである（手形法75条2号）。

2）不適切である。約束手形では振出人が支払約束をしており、絶対的な支払義務を負う。しかし、為替手形では、支払人が引受をして引受人となれば、所持人に対して満期に手形金額の支払をする義務を負担することとなる等（手形法28条1項）、約束手形の振出人の義務と同様の絶対的な義務を負うこととなるが（同法78条1項）、一方で、為替手形の振出人は遡求義務を負担するだけである（同法9条1項）。また、小切手の振出人も支払人に支払を委託するだけであって、振出人は絶対的な義務を負わず、遡求義務しか負わない（小切手法12条、39条）。

3）適切である。手形の受取人の記載は手形要件であるが、小切手では小切手要件ではない（手形法1条6号、75条5号、小切手法5条）。

4）適切である。小切手は一覧払とされており、これに反する記載はなかったものとみなされる（小切手法28条）。しかし、手形法では、一覧払、一覧後定期払、日付後定期払、確定日払の4種類の満期が認められており（同法33条、77条1項2号）、そのうち、統一手形用紙の満期に関する印刷書式からもわかるように、確定日払の手形がほとんどである。

正解　2）

2-11　手形の裏書

《問》X銀行Y支店の行員Tが、顧客Aから「取引先のZ社から受け取った200万円の約束手形をBに裏書譲渡する場合の注意点について教えてほしい」といわれた場合のTの回答として、次のうち最も不適切なものはどれか。

1)「日付を記載せずに裏書をした場合は、その裏書は無効となってしまいますので注意してください」
2)「裏書に条件を付けても、その条件はなかったものとみなされますので、例えば、『Bから商品が引き渡された場合にだけBへの裏書が有効になる』と記載しても、手形上の債権はその裏書によって完全にBさんに移転してしまいます」
3)「『200万円のうち、100万円だけを譲渡する』と記載した裏書は無効であって、手形上の債権はBさんに移転しません」
4)「被裏書人名としてBさんの名前を記載せずに裏書をすることもできますが、裏書文句も記載しないで単に裏書人の署名だけをする場合には、手形の裏面または補箋にしかすることができません」

・解説と解答・

1)不適切である。統一手形用紙には、裏書の日付を記載する欄が設けられているが、裏書の日付を記載することは法律上の要件ではない。
2)適切である。手形法では「裏書は単純なることを要す」と定められている（同法12条1項1文、77条1項1号）。単純とは無条件ということである。もし条件を記載した場合、裏書は無効にはならず、その条件は記載されなかったものとみなされる（同法12条1項2文、77条1項1号）。
3)適切である。手形法では、「一部の裏書は無効とする」と定められている（同法12条2項、77条1項1号）。したがって、本肢のような裏書は裏書自体が無効であり、そのような記載のある裏書によっては、権利は移転しない。
4)適切である。裏書は、裏書文句と被裏書人名の記載をして、裏書人が署名（記名捺印）することによってなされるが、被裏書人名の記載のないもの、あるいは裏書文句もないものを白地式裏書という。手形法では、裏書文句も記載されていない、単に裏書人の署名（記名捺印）しかない白地式裏書

の場合、その白地式裏書が手形の表面になされるとほかの手形行為との区別が困難であることから、手形の裏面あるいは補箋になされなければその効力が生じないと定められている（手形法13条2項、77条1項1号）。

<u>正解　1）</u>

2－12　裏書の抹消と連続

《問》X銀行Y支店が手形交換により支払呈示を行った約束手形（振出人
　　A、受取人B）の裏書が以下のような場合、裏書不連続による裏書
　　不備として不渡返却されるものは、次のうちどれか（ただし、各手
　　形の所持人は各手形の最終裏書の被裏書人である）。

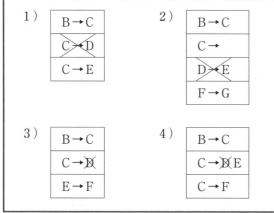

・解説と解答・

1）裏書の連続あり。裏書全部が抹消されている場合には、その抹消された裏
　　書は記載がないものとみなされている（手形法16条１項３文、77条１項１
　　号）。したがって、第一裏書はB→Cであり、第二裏書は記載されていな
　　いものとされ、その次の裏書がC→Eと記載されているため、裏書の連続
　　のある手形である。

2）裏書の連続あり。第三裏書は記載されていないものとみなされることか
　　ら、Cの白地式裏書に次いでF→Gの裏書があることとなる。したがっ
　　て、Fは白地式裏書によって手形を取得したものとみなされ（手形法16条
　　１項４文、77条１項１号）、裏書の連続のある手形の所持人となり、この
　　手形は裏書の連続がある手形である。

3）裏書の連続あり。被裏書人欄の抹消は白地式裏書となると解されているの
　　で（大阪地判昭48.6.7）、Cの白地式裏書に次いでE→Fの裏書があるこ
　　ととなる。したがって、この手形は裏書の連続のある手形である。なお、
　　詳細は２）を参照。

4 ）裏書が不連続である。第二裏書の被裏書人として記載されていた D が抹消され、E に書き替えられていた場合、その書替を誰がどのような権限により行ったかにかかわらず、裏書の連続の有無は形式的にその記載のみから判断することから、この手形は第一裏書が B → C、第二裏書が C → E、第三裏書が C → F となり、裏書が連続していない手形となる。

<u>正解　4 ）</u>

50

2-13 融通手形

《問》B社は、A社振出の手形をC社に割り引いてもらって会社の運転資金を得ようと考え、A社に依頼して、B社を受取人とする約束手形を振り出してもらった。この約束手形について、次のうち最も不適切なものはどれか。

1）この手形はいわゆる融通手形であって、融通手形であることは人的抗弁となるものの、C社が当該手形を融通手形であると知って割り引いた場合でも、C社の支払呈示に対してA社は支払を拒絶できない。

2）C社がこの手形を割り引く際、融通手形ではないかと疑いを持っていたが、特段の確認をすることなく割り引いた場合でも、C社の支払呈示に対してA社は支払を拒絶できない。

3）B社が、C社にこの手形を割り引いてもらうことなく、自己の取引銀行であるX銀行Y支店にこの手形の取立てを委任し、同支店が交換呈示をした場合、A社が融通手形であることを理由に支払を拒絶しても、当該手形は不渡とはならない。

4）C社は、この手形を割り引く際に、その手形は融通手形であって、その満期日までにB社がA社に対して手形の支払資金を提供できないという事情を知っていたが、そのまま割り引いたうえ、取引銀行であるP銀行Q支店にこの手形の取立てを委任し、同支店が交換呈示をした場合、A社が融通手形であることを理由に支払を拒絶すれば、当該手形は不渡となり、不渡情報登録が行われることとなる。

・解説と解答・

1）適切である。人的抗弁とは、特定の者に対してだけ主張できる抗弁である。本問のような融通手形において、A社がB社から手形金の支払を請求された場合には、B社に対してだけはその手形が融通手形であることを主張して手形金の支払を拒絶することができることから、その手形が融通手形であるとの抗弁（融通手形の抗弁）は人的抗弁ということができる。しかし、そもそも融通手形は第三者に割り引いてもらうことが前提であるため、C社が単に融通手形であることを知ってその手形を割り引き、A社に対して手形金の請求をしたとしても、A社はその手形が融通手形であるこ

とを主張して、支払を拒絶することはできない（最判昭和34年7月14日民集13巻7号978頁）。

2）適切である。1）のとおり、C社が融通手形であることを知っていた場合であっても、A社はC社に対して融通手形の抗弁を主張することはできないのであって、知らなかったことについて過失（重過失）がある場合も、A社はC社に対して融通手形の抗弁を主張することはできない。

3）不適切である。B社が、A社に対して、X銀行Y支店を通じて手形金の請求をすることは、A社とB社との間の融通契約違反である。しかし、その手形が交換呈示された場合、A社がB社の融通契約違反を理由として支払を拒絶すれば、第2号不渡事由の契約不履行に該当し、その手形は不渡となる（電子交換所規則施行細則33条1項3号）。この場合、第2号不渡情報登録に続き、所定の期限までに異議申立手続がとられなければ、不渡報告（あるいは取引停止報告）に掲載されることとなる。

4）適切である。手形法において、融通手形の抗弁は、単に融通手形であることを知ってその手形を取得しただけの第三者に対しては、主張することができない。ただし、本肢のC社のように、B社が手形の満期日までにA社に対して手形の支払資金を提供できないという事情を知ったうえで取得した第三者に対しては主張することができる（最判昭和42年4月27日民集21巻3号728頁）。しかし、交換呈示により支払呈示された場合には、融通手形であることを理由に支払を拒絶すると、3）と同様に第2号不渡事由に該当し、その手形は不渡となる。

正解　3）

2－14　白地手形の呈示（Ⅰ）

《問》Ｘ銀行Ｙ支店のテラーＡが同支店の顧客Ｂに対して、Ｂが取立依頼のために持参した振出日白地の確定日払約束手形に関して行った次の説明のうち、最も不適切なものはどれか。

1）「振出日を補充しないままの支払呈示では遡求権が保全されないため、当支店に取立てを委任される際には、あらかじめ振出日を補充しておいてください」

2）「振出日を後日補充されても、支払呈示の時に遡って補充があったということにはなりませんので、当支店に取立てを委任される際には、あらかじめ振出日を補充しておいてください」

3）「振出日が補充されていないと、支払銀行からの支払を受けることができませんので、当支店に取立てを委任される際には、あらかじめ振出日を補充しておいてください」

4）「取立受任銀行となる当支店では、白地部分の補充義務はなく、ご持参いただいた振出日白地の確定日払約束手形をお受け取りし、そのまま交換に回すこともありますので、その点につき十分ご注意ください」

・解説と解答・

1）適切である。白地部分を補充しないで手形を呈示しても支払呈示の効力がないので、裏書人に対する遡求権を保全することができない。

2）適切である。白地部分を後日補充しても支払呈示の時に遡って補充があったということにはならない（最判昭和33年3月7日民集12巻3号511頁）。

3）不適切である。当座勘定規定上は、確定日払手形の振出日が白地のままであっても、銀行は支払に応じることとなっている（当座勘定規定ひな型17条）。

4）適切である。取立受任銀行には白地手形の補充義務がなく（当座勘定規定ひな型1条2項）、取立依頼人に補充するよう促す法律上の義務もないとされている。

正解　3）

2-15　白地手形の呈示（Ⅱ）

《問》Dは、Aが振り出した200万円の約束手形（支払場所M銀行N支店、第1裏書人B、第2裏書人C。なお、裏書は連続しているが、受取人欄は白地）を所持している。ただし、当該約束手形は、Aが振り出した当時は金額欄が白地となっており、AおよびBとの間で、金額を100万円とすることに合意したにもかかわらず、Bが200万円と記載して、Cに対して裏書譲渡したものであった。この場合について、次のうち最も不適切なものはどれか。

1）Dが当該約束手形の取立てを依頼した場合、受取人欄が白地であっても、X銀行Y支店は、取立委任を受けることができる。

2）X銀行Y支店から受取人欄白地の当該約束手形を交換呈示されたM銀行N支店は、不渡返還することなく支払に応じることができる。

3）X銀行Y支店からM銀行N支店に対して、受取人欄白地の当該約束手形が交換呈示されたが、Aが当該約束手形を不渡とした場合、M銀行N支店は、変造を理由とする異議申立てならびに異議申立預託金の免除申請をすることはできない。

4）X銀行Y支店からM銀行N支店に対して、受取人欄白地の当該約束手形が交換呈示されたが、当該約束手形が不渡とされた場合、Dは、Cに対して遡求権を行使することができる。

・解説と解答・

1）適切である。受取人欄白地の約束手形であっても、M銀行N支店は支払に応じることができるので（当座勘定規定ひな型17条）、X銀行Y支店は、取立委任を受けることができる。

2）適切である。1）を参照。

3）適切である。手形の変造とは、手形の記載内容を無権限に変更することであるが、金額欄白地の不当補充は手形の変造には当たらない。したがって、変造を理由とする異議申立てにおいては異議申立預託金の免除が認められるが、金額欄白地の不当補充を理由とする場合には認められない。

4）不適切である。受取人欄白地の約束手形はそのまま支払呈示をしても、法律上、支払呈示としての効力がなく、遡求権を保全することができない。

正解　4）

2-16 手形の消滅時効

《問》Dは、20X1年4月1日にAが振り出した100万円の約束手形（満期日20X1年5月20日、第1裏書人B、第2裏書人C。なお、裏書は連続している）を所持している。Dが、当該約束手形を満期日に支払呈示したところ、不渡となった。この場合について、次のうち最も不適切なものはどれか。

1) 当該約束手形が不渡になった後、DがAに対する手形債権を行使しなければ、当該手形債権は満期日から3年後の応当日の終了をもって時効によって消滅する。

2) 20X1年6月15日に、DがAに対して当該約束手形の支払を求めて訴訟を提起すれば、DのCに対する遡求権の時効も更新される。

3) 当該約束手形が受取人欄白地の手形であり、20X1年6月15日に、DがAに対して、その受取人欄を白地としたままで当該約束手形の支払を求めて訴訟を提起した場合でも、DのAに対する手形債権の時効の完成は猶予される。

4) DがCに対して遡求権を行使したが、Cが遡求義務の存否を争ったため訴訟となった場合、当該訴訟が結審する前に、DのAに対する手形債権が時効によって消滅すれば、DのCに対する遡求権行使は認められない。

・解説と解答・

1) 適切である。振出人であるAに対する手形債権の消滅時効期間は、満期日から3年間であり（手形法70条1項、77条8号）、初日不参入の原則により（同法73条）、20X1年4月2日を起算日とし、起算日から3年後の応答日の前日をもって終了し、時効が完成する。

2) 不適切である。2017年の債権法改正により、裁判上の請求（訴訟の提起）は時効中断事由から、時効の完成猶予事由に変更され、その訴訟における確定判決または確定判決と同一の効力を有するものによって権利が確定することにより、時効の更新がなされることとされた（民法147条1項、2項）。さらに、手形に係る時効の完成猶予または更新の効果は、その事由が生じた者にだけ生じることとされている（手形法71条）。したがって、DがAに対して訴訟を提起すれば、Aに対する手形債権の消滅時効の完成

は猶予されるものの、Cに対する遡求権の消滅時効の完成は猶予されない。また、Aに対する確定判決が取得されても、Cに対する遡及権の消滅時効は更新されない。

3 ）適切である。判例は、満期の記載がある白地手形上の振出人に対する権利は、満期日から 3 年で時効消滅することとの対比から、白地のままで時効の完成猶予の措置をとることができるとしている（最判昭41.11.2民集20巻 9 号1674頁・金法464号25頁）。

4 ）適切である。遡求義務を履行した者は、最終的には絶対的義務者である約束手形の振出人に対して権利を行使することによって、その手形の決済を行うことになるので、Aに対する手形債権が時効消滅した場合には、Cに対する遡求権も行使することができなくなる。

正解　2 ）

〈参考〉

◆　手形に関するもの	時効期間	参照条文
㈠　約束手形の振出人・為替手形の引受人に対する手形上の請求権	3　　年	手70 I 、手77 I ⑧
㈡　手形所持人の裏書人・為替手形の振出人に対する請求権	1　　年	手70 II 、手77 I ⑧
㈢　裏書人の他の裏書人・為替手形の振出人に対する請求権	6　　月	手70 III 、手77 I ⑧
㈣　利得償還請求権	権利行使できることを知った時から 5 年、もしくは権利行使できる時から10年	民法166 I

（注）参照条文の手は手形法を表す。また、数字は条文を、ローマ数字は項を、丸囲み数字は号を表す。

　　　例：手77 I ⑧→手形法77条 1 項 8 号

2−17　不渡事由と不渡情報登録

《問》X銀行Y支店が手形交換所から持ち帰った約束手形を不渡とする場合の説明として、次のうち最も適切なものはどれか。

1) この約束手形が受取人白地であった場合、0号不渡事由に該当する。

2) この約束手形の裏書が不連続であっただけでなく、振出人の当座預金口座の残高が支払資金に不足していた場合、不渡情報登録は必要ない。

3) この約束手形の金額が当座貸越の貸越限度額よりも多く支払ができないことと、この手形が詐取されたものであったことの2つの事由が重複した場合、第2号不渡情報登録が必要である。

4) この約束手形の振出人との間で当座勘定取引がないことと、この手形が偽造されたものであったことの2つの事由が重複した場合、第1号不渡情報登録が必要である。

・解説と解答・

　不渡事由の重複の取扱いは、次のとおり整理される（電子交換所規則施行細則33条2項）。

① 　0号不渡事由と第1号不渡事由または第2号不渡事由とが重複する場合は、0号不渡事由が優先し、不渡情報登録を要しない。

② 　第1号不渡事由と第2号不渡事由（偽造、変造を除く）とが重複する場合は、第1号不渡事由が優先し、第1号不渡情報登録を要する。

③ 　第1号不渡事由と第2号不渡事由のうち偽造・変造とが重複する場合は、偽造・変造が優先し、第2号不渡情報登録を要する。

1) 不適切である。形式不備は0号不渡事由に当たるが、（確定日払）手形における振出日白地および受取人白地については不渡事由から除かれている（電子交換所規則施行細則33条1項1号）。

2) 適切である。裏書不連続は0号不渡事由、支払資金不足は第1号不渡事由に当たるが、この場合には0号不渡事由が優先するので、不渡情報登録は

不要である（電子交換所規則施行細則33条1項1号、2号、2項1号）。

3）不適切である。当座貸越契約の貸越限度を超えて支払ができないことは第1号不渡事由、詐取は第2号不渡事由に当たるが、この場合には第1号不渡事由が優先し、第1号不渡情報登録を要する（電子交換所規則施行細則33条1項2号、3号、2項2号）。

4）不適切である。当座勘定取引なしは第1号不渡事由、偽造は第2号不渡事由に当たるが、この場合には第2号不渡事由が優先し、第2号不渡情報登録を要する（電子交換所規則施行細則33条1項2号、3号、2項2号但書）。

<u>正解　2）</u>

58

2−18 依頼返却

> 《問》 CはBから、AがBに対して振り出した500万円の約束手形（支払
> 場所：X銀行Y支店）の裏書譲渡を受け、その手形を取引銀行であ
> るS銀行T支店を通じて支払呈示したが、AからCに対し、「Cの
> 所持している約束手形について依頼返却手続をとってもらえない
> か」との依頼があった。この場合について、次のうち最も不適切な
> ものはどれか。
> 1）CからS銀行T支店に対して依頼返却の申出があった場合、S銀行
> T支店では依頼返却の申出に応じることができる。
> 2）支払銀行であるX銀行Y支店が、依頼返却の要請に応じる場合、手
> 形の返還に先立ってS銀行T支店に連絡のうえ、申出の事実を確認
> し、該当事由に区分して電子交換所システムに登録することとな
> る。
> 3）依頼返却は、0号不渡事由に該当するので、不渡情報登録はされ
> ず、その手形は不渡とはならない。
> 4）Cの支払呈示の効力は失われることとなるので、Cは、Bに対して
> 遡求権を行使することができない。

・解説と解答・

1）適切である。持出手形について、持出取消しの時限後に、別途支払済み、
その他真にやむを得ない理由がある場合は、持帰銀行と協議して、不渡返
還を行うように依頼することができる（電子交換所規則施行細則28条1
項）。持出銀行においては、取立依頼人からの依頼返却の申出に理由があ
るのか否かを判断することができないため、実質的にはその申出に応じざ
るを得ないこととなる。
2）適切である（電子交換所規則33条、同施行細則28条2項、3項）。
3）適切である（電子交換所規則施行細則33条1項1号③）。
4）不適切である。判例では、いったん発生した支払呈示の効力は失われない
とされている（最判昭32.7.19民集11巻7号1297頁・金法148号9頁）。

正解 4）

2－19　手形の記載事項の変造

《問》AがBに対して、満期日をX年3月31日とする約束手形を振り出し
た後、Bは当該約束手形をCに裏書譲渡し、さらに、CはDに裏書
譲渡した。Aは、満期日直前に、Dに対していわゆる手形のジャン
プを申し入れ、満期日は同年4月30日に変更された。その後、Dは
当該約束手形をEに裏書譲渡し、Eが変更後の満期日に支払呈示し
たが不渡となった。この場合について、次のうち最も不適切なもの
はどれか。

1）BおよびCが、満期日の変更を承諾していない場合、BおよびC
は、Eに対して、遡求義務を負わない。

2）Bが、満期日の変更を承諾していても、Cが、満期日の変更を承諾
していない場合、Cは、Eに対して遡求義務を負わない。

3）Cが、満期日の変更を承諾していない場合でも、Cは、Dから再遡
求されれば、Dに対して遡求義務を負う。

4）BおよびCが、満期日の変更を承諾しているか否かにかかわらず、
Dは、Eに対して、遡求義務を負う。

・解説と解答・

1）適切である。手形の記載事項の変更は、変更権限のある者が行う必要があ
り、それ以外の者が記載内容を変更すると、手形の変造となる。Aのジャ
ンプ要請に基づくDによる満期日の変更は、既に変更前の満期日を前提と
して裏書人としての担保義務を負担しているBおよびCにとっては、負担
している債務の内容が変更されるものであるので、変更の承諾をしていな
いBおよびCに対しては変造となる。したがって、変造前に署名したBお
よびCは、変造前の内容に従った義務を負うことになり（手形法69条、77
条1項7号）、X年3月31日を満期日とする支払呈示がない以上、Eに対
して遡求義務を負わないことになる。

2）適切である。1）を参照。変造となるか否かは、個別に判断される。

3）不適切である。1）および2）を参照。

4）適切である。Dは、満期日の変更後に裏書をしており、変更後の満期日を
前提として裏書人の担保義務を負うのでX年4月30日に支払呈示がなされ
たにもかかわらず不渡となれば、遡求義務を負う。

<u>正解　3）</u>

2－20　取引停止処分制度（Ⅰ）

《問》X銀行Y支店が電子交換所を通じ、取引先であるA社が同支店を支払場所として振り出した約束手形2枚の手形イメージを受信した場合について、次のうち最も不適切なものはどれか。

1）A社の当座預金残高がこれらの手形を決済するには不足していた場合、X銀行Y支店は不渡情報登録をすることとなり、A社は不渡報告に掲載され、その旨が電子交換所から交換参加銀行に通知されるとともに、A社にもその旨の通知がなされる。

2）A社が以前に不渡報告に掲載されており、今回の手形は、その不渡となった手形の交換日から起算して6カ月後の応当日の前日までの日を交換日とする手形であった場合、今回の手形について不渡情報登録が行われると、A社は取引停止処分に付されることとなる。

3）この交換呈示された約束手形2枚のいずれについても不渡情報登録をすることとなった場合、1回の不渡として扱われる。

4）A社が取引停止処分に付された場合、X銀行Y支店だけではなく、電子交換所に参加している交換参加銀行も、A社とは取引停止処分日から起算して2年間は当座勘定取引および貸出取引（債権保全のための貸出を除く）をすることができない。

・解説と解答・

1）不適切である。資金不足は第1号不渡事由であり、不渡情報登録を要することとなる（電子交換所規則40条1項1号、同施行細則33条1項2号）。当該不渡情報登録が行われると、交換日から起算して4営業日目に振出人であるA社は不渡報告に掲載され、交換参加銀行に通知されるが、A社には通知はされない（電子交換所規則41条）。

2）適切である。不渡報告に掲載されたA社に関して、その不渡情報登録に係る手形の交換日から起算して6カ月後の応当日の前日までの日（応当日がない場合には月末日）を交換日とする手形・小切手について不渡情報登録が行われた場合には、2回目の不渡情報登録が行われたものとして、A社は原則として取引停止処分に付される（電子交換所規則42条）。

3）適切である。同一の振出人であるA社に関して、同一の交換日に係る不渡情報登録が複数件あった場合は、1回の不渡として計算される（電子交換

　　所規則施行細則32条 5 項)。

4)　適切である。交換参加銀行は取引停止処分を受けた者に対し、取引停止処
　　分日から起算して 2 年間、当座勘定および貸出の取引（債権保全のための
　　貸出を除く）をすることができないとされている（電子交換所規則39条 2
　　項)。

正解　1)

2-21 取引停止処分制度（Ⅱ）

《問》取引停止処分に付された者と銀行との取引について、次のうち最も
不適切なものはどれか。

1）取引停止処分に付された者は、日本国内におけるすべての銀行との
間で金融取引が停止される。

2）取引停止処分に付された者との取引が停止される期間は、処分日か
ら起算して2年間である。

3）取引停止処分に付された者との間では、当座勘定取引および新規貸
出取引が禁止される。

4）取引停止処分に付された者との間でも、債権保全のために必要であ
れば貸出取引を行うこともできる。

・解説と解答・

1）不適切である。交換所の規則で、交換参加銀行は取引停止処分を受けた者
に対し、処分日から起算して2年間、当座勘定および貸出の取引（債権保
全のための貸出を除く）をすることができないと定められており（電子交
換所規則39条2項）、その対象金融機関は当該交換所に参加している銀行
だけである。

2）適切である。1）を参照。

3）適切である。1）を参照。

4）適切である。債権保全のための貸出取引は例外的に認められている（電子
交換所規則39条2項但書）。

<u>正解　1）</u>

2－22　異議申立預託金

《問》X銀行Y支店が、約束手形の振出人である取引先Aから、電子交換
　　　所に行った第2号不渡情報登録に対して異議申立てをするように依
　　　頼された場合について、次のうち最も不適切なものはどれか。
　1）異議申立てにあたっては、支払銀行であるX銀行Y支店が、振出人
　　　であるAから、異議申立ての対象とする手形金相当額の異議申立預
　　　託金の預入れを受ける必要がある。
　2）X銀行Y支店は、当該第2号不渡情報登録に対して、交換日の3営
　　　業日後の午後3時までに異議申立てをすることができる。
　3）不渡事由が「偽造」の場合は、異議申立預託金の免除請求ができ
　　　る。
　4）不渡事故が解消し、持出銀行から電子交換所に不渡事故解消届が提
　　　出されると、異議申立預託金が返還されるが、不渡事由が「偽造」
　　　や「紛失」等の場合には、不渡事故解消届が提出される以前に、そ
　　　の提供した異議申立預託金の返還を請求することができる。

・解説と解答・

　1）適切である（電子交換所規則45条2項）。
　2）不適切である。支払銀行は、交換日の翌営業日の午前11時までに不渡情報
　　　登録を行い、当該不渡情報登録に対し、交換日の翌々営業日の午後3時ま
　　　でに異議申立てをすることができる（電子交換所規則40条1項、45条1項）。
　3）適切である。「偽造」または「変造」の場合には、異議申立預託金の免除
　　　請求をすることができ、審議されたうえ、理由があると認められると異議
　　　申立預託金の預託が免除される（電子交換所規則45条2項但書、同施行細
　　　則39条）。
　4）適切である。「偽造」あるいは「変造」「詐取」「紛失」等の場合には、異
　　　議申立預託金の返還請求をすることができ、審議されたうえ、理由がある
　　　と認められると異議申立預託金の返還が認められる（電子交換所規則46条
　　　3項、4項、同施行細則45条）。

正解　2）

2－23　有価証券無効宣言公示催告と除権決定

> 《問》Dは、Aが振り出した100万円の約束手形（第１裏書人B、第２裏
> 書人C。なお、裏書は連続している）を所持している。当該約束手
> 形は、Aが受取人欄を白地としてBに対して振り出し、BがMに対
> して白地式裏書したものであったが、Mが紛失したものをNが拾得
> して、勝手にCに対して交付したものであった。この場合につい
> て、次のうち最も適切なものはどれか。
>
> 1）Mは、裁判所に有価証券無効宣言公示催告を申し立て、除権決定を
> 　　得れば、自己が当該約束手形上の権利者であることを確定させるこ
> 　　とができる。
> 2）Mが除権決定を得る前に、Dが当該約束手形の裏書を受けていた場
> 　　合、Dに善意取得が成立するならば、Mが除権決定を受けても、D
> 　　が当該約束手形の権利者とされる。
> 3）Mが除権決定を得る前に、Dが当該約束手形の裏書を受けていた場
> 　　合、Dが権利を争う旨の申述の終期までに権利を争う旨の申述をし
> 　　なければ、仮に、Dが当該約束手形上の権利を有していたとして
> 　　も、除権決定によってDの権利は失効し、Mが当該約束手形上の権
> 　　利者とされる。
> 4）Mは、裁判所に有価証券無効宣言公示催告を申し立て、除権決定を
> 　　得れば、受取人欄の白地を補充するために、Aに対して、当該約束
> 　　手形の再発行を請求することができる。

・解説と解答・

1）不適切である。有価証券無効宣言公示催告（非訟事件手続法114条以下）
を申し立て、除権決定（同法118条１項）を得ても、手形という紙片と手
形上の権利との関係が切断されて、除権決定を得た者に権利者としての形
式的資格が認められるだけであり、実質的権利が認められるわけではな
い。権利を争う旨の申述の終期までに権利を争う旨の申述をした者がな
く、Mが除権決定を得ても、それ以前に善意取得していた者が出現すれ
ば、結果的に手形上の権利を取得できないことになる（最判平13.1.25民
集55巻１号１頁・金法1608号45頁）。

2）適切である。1）を参照。

3）不適切である。善意取得者は、有価証券無効宣言公示催告が申し立てられていることすら知らない場合が多く、権利を争う旨の申述の終期までに権利を争う旨の申述をなすことを怠っていても、手形上の権利を失うものではない。

4）不適切である。除権決定を得た者が白地部分を補充するには、手形外の意思表示を行う方法や、白地手形の再発行を求める方法等が提唱されているが、判例（最判昭和51年4月8日民集30巻3号183頁など）はそのどちらも認めていない。

正解　2）

2－24　電子交換所

> 《問》電子交換所における各種の手続に関する次の記述のうち、最も不適
> 　　切なものはどれか。
> 　1）参加銀行は、原則として、交換日の前営業日までに電子交換所への
> 　　　持出を行う。
> 　2）交換尻の決済は、交換日において日本銀行における加盟銀行および
> 　　　全国銀行協会の当座勘定の振替により行う。
> 　3）参加銀行は、電子交換所システムに登録された持帰手形について、
> 　　　証券イメージおよび証券データを確認する。
> 　4）参加銀行は、持帰手形のうち不渡手形があるときは、交換日の午後
> 　　　5時までに不渡手形として電子交換所システムに登録（不渡返還）
> 　　　を行う。

・解説と解答・

1）適切である。参加銀行が、交換に付す手形の証券イメージを電子交換所シ
　　ステムに登録することを持出といい（電子交換所規則2条10号、18条）、
　　参加銀行は、原則として交換日の前営業日までに電子交換所への持出を行
　　う（電子交換所規則19条1項）。なお、交換日の前営業日までの持出が困
　　難な場合は、交換日当日の午前8時30分まで持出を行うことができるとと
　　もに（同項但書）、持帰銀行の承認が得られた場合は、交換日当日午前9
　　時30分まで持出を行うことができる（同条2項）。
2）適切である（電子交換所規則27条）。
3）適切である（電子交換所規則24条）。
4）不適切である。参加銀行は、持帰手形のうち支払に応じがたいもの（不渡
　　手形）があるときは、交換日の翌営業日午前11時までに不渡手形として電
　　子交換所システムに登録（不渡返還）を行い、交換日の翌営業日の交換尻
　　決済において、不渡手形に係る代り金を受け取る（電子交換所規則33条）。

<u>正解　4）</u>

2-25　電子記録債権の特徴

《問》電子記録債権の特徴として、次のうち最も不適切なものはどれか。
1) 電子記録債権は、原則として、当事者の請求によって電子債権記録機関が調製する記録原簿に発生記録がなされることが、その発生要件である。
2) 電子記録債権は、金銭債権だけでなく、物の引渡請求権等の金銭の支払を求める請求権以外の債権も、特別に記録することによって発生させることができる。
3) 電子記録債権は、売買代金債権等の電子記録債権の発生原因となる債権とは別の債権である。
4) A社がB社に対して、債務者として10万円の電子記録債権を発生させるべきところ、誤って100万円の電子記録債権を発生させてしまい、その誤りを知らず、また、知らないことについて重過失のないC社にその電子記録債権が譲渡された場合、A社はC社に対して、当該債権額が10万円であることを主張できない。

・解説と解答・

1) 適切である（電子記録債権法2条3項、4条1項、5条1項、15条）。
2) 不適切である。電子記録債権とは、発生または譲渡について電子記録債権法による電子記録を要件とする金銭債権とされている（同法2条1項）。
3) 適切である。電子記録債権は、電子記録債権の発生原因となる法律関係に基づく債権とは別個の債権である（無因性）。
4) 適切である。電子記録債権においては、金銭債権の取引の安全を図るために、錯誤や、詐欺・強迫によって意思表示が取り消されうる場合の第三者（ただし、強迫による意思表示がなされた場合は、その意思表示の取消し後の第三者に限る）について、その第三者が善意・無重過失であれば保護することとしている（電子記録債権法12条）。本肢では、C社は、A社がその意思表示を錯誤によって取り消すことができる場合の第三者であって、善意・無重過失であるため、債務者であるA社はC社に対して意思表示を取り消したとしても、その取消しを主張できないこととなる。

正解　2)

2−26 電子記録債権の譲渡

《問》電子記録債権の譲渡について、次のうち最も不適切なものはどれ
か。
1）AがBに対して電子記録債権を譲渡するには、記録原簿への譲渡記
録が必要となる。
2）電子記録債権の譲渡人が無権利であったとしても、譲受人として譲
渡記録されることにより、譲受人は、譲渡人が無権利者であったこ
と等につき悪意・重過失がなければ、当該電子記録債権を取得する
ことができる。
3）譲渡記録には、「記録しなければならない事項」が定められている。
4）電子記録債権においては、手形法にあるような人的抗弁の切断の規
定が定められているものの、電子記録としてその帰属は明確なこと
から、善意取得の規定は定められていない。

解説と解答

1）適切である（電子記録債権法17条）。
2）適切である。譲渡記録の請求により、電子記録債権の譲受人として記録さ
れた者は、悪意または重大な過失があるときを除き、当該電子記録債権を
有効に取得する（電子記録債権法19条1項）。
3）適切である。譲渡記録は、①電子記録債権の譲渡をする旨、②譲渡人が電
子記録義務者の相続人であるときは、譲渡人の氏名および住所、③譲受人
の氏名または名称および住所、④電子記録の年月日を、記録しなければな
らない（電子記録債権法18条1項）。
4）不適切である。電子記録債権法では、取引安全の保護の観点から、善意取
得や人的抗弁の切断の規定が定められている（同法19条1項、20条1項）。
なお、任意的記載事項として、善意取得や人的抗弁の切断の規定を適用し
ない旨を定めることもできる（同法16条2項8号、10号）。

正解 4）

第3章

内国為替、付随業務、有価証券関連業務等

3－1　内国為替取引の当事者

《問》振込取引の当事者とそれぞれの関係について、次のうち最も不適切
　　なものはどれか。
1）振込取引において支払義務を負う債務者は、「依頼人」である。
2）弁済受領権限を有する債権者は、「受取人」になる。
3）「依頼人」と「被仕向銀行」の為替取引契約における法律関係は、
　　民法上の委任ないし準委任契約である。
4）「被仕向銀行」と「受取人」の間には、為替取引契約上の直接の法
　　律関係はない。

・解説と解答・

1）適切である。振込取引は、「依頼人」が指定する預金口座に一定の金額を
　　入金することを、「仕向銀行」に委託する取引である。「依頼人」と「仕向
　　銀行」の為替取引契約における法律関係は、民法上の委任ないし準委任契
　　約であるとされている。
2）適切である。「受取人」は、「依頼人」の債権者ないし資金移動の資金を受
　　領する者をいう。
3）不適切である。「依頼人」と「被仕向銀行」の間には、直接の法律関係は
　　ない。
4）適切である。「被仕向銀行」と「受取人」は、その間の預金契約により、
　　第三者から振込があった場合に、受取人の口座に振込金を入金することと
　　されている。

正解　3）

3－2　振込における被仕向銀行の取扱い

《問》Aは、X銀行Y支店に、S銀行T支店のB名義当座預金口座への振込を依頼した。この振込通知を受信したS銀行T支店における取扱いとして、次のうち最も適切なものはどれか。

1）X銀行Y支店の振込通知に不明確なところがあり、Bに照会した。

2）S銀行T支店にB名義当座預金口座はなかったが、普通預金口座があったので、当該普通預金口座に入金した。

3）B宛の振込依頼がAの過誤によるものであった場合、B名義当座預金口座へ入金することはできない。

4）S銀行T支店にB名義当座預金口座がないときは、X銀行Y支店に照会してその回答により取り扱う。

・解説と解答・

1）不適切である。振込取引では、仕向銀行（X銀行Y支店）と被仕向銀行（S銀行T支店）は、委任ないし準委任契約に基づく委任者と受任者の関係にあり、受任者であるS銀行T支店は委任者であるX銀行Y支店に対して、善良な管理者の注意をもって振込事務を処理する義務を負う（民法644条）。振込通知に不明確なところがあるときは、S銀行T支店はX銀行Y支店に対して照会しなければならない。

2）不適切である。4）を参照。

3）不適切である。「振込依頼人から受取人の銀行の普通預金口座に振込みがあったときは、振込依頼人と受取人との間に振込みの原因となる法律関係が存在するか否かにかかわらず、受取人と銀行との間に振込金額相当の普通預金契約が成立し、受取人が銀行に対して右金額相当の普通預金債権を取得する」と解するのが判例（最判平8.4.26民集50巻5号1267頁・金法1455号6頁）であり、過誤によるものであっても、振込通知どおりB名義当座預金口座に入金するのが正当である。

4）適切である。振込通知に記載された受取人（B）の当座預金口座が存在せず、振込金を入金できないときは、仕向銀行（X銀行Y支店）に照会して、仕向銀行からの組戻依頼または取消しあるいは訂正依頼の回答を得て、これにより取り扱うのが原則である。

正解　4）

3－3　誤振込

> 《問》A社は、X銀行Y支店からS銀行T支店の取引先B社に振込をする
> に際し、A社の事務担当者のミスにより、S銀行T支店のC社名義
> 口座に振込依頼をしてしまった。X銀行Y支店は、A社の依頼どお
> りに手続を完了したところ、C社の債権者Dが当該振込金の入金さ
> れている普通預金口座の全額を差し押さえた。この場合について、
> 次のうち最も不適切なものはどれか。
>
> 1）A社とC社との間に、振込の原因となる法律関係が存在しないの
> で、C社に振込金相当額の預金が成立する余地はない。
> 2）振込が過誤によるものであっても、C社とS銀行T支店との間に振
> 込金相当額の預金が成立しているので、Dの差押えは有効である。
> 3）振込が過誤によるものであるので、A社は、C社に対して不当利得
> 返還請求権に基づき、誤振込金相当額の返還を求めることができ
> る。
> 4）A社が組戻依頼をした場合、Dの差押えがなされる前であれば、S
> 銀行T支店は、C社の同意を得て組戻しに応じることができる。

・解説と解答・

1）不適切である。「振込依頼人から受取人の銀行の普通預金口座に振込みが
　あったときは、振込依頼人と受取人との間に振込みの原因となる法律関係
　が存在するか否かにかかわらず、受取人と銀行との間に振込金額相当の普
　通預金契約が成立し、受取人が銀行に対して右金額相当の普通預金債権を
　取得する」と解するのが判例であり（最判平8.4.26民集50巻5号1267頁・
　金法1455号6頁）、これによればC社はS銀行T支店に対する振込金相当
　額の預金債権を取得することになる。

2）適切である。1）を参照。C社の預金が成立している以上、A社は、預金
　債権の譲渡を妨げる権利を取得するわけではないから、Dがした預金債権
　に対する強制執行の不許を求めることはできない。

3）適切である。前掲最判平8.4.26は、「振込依頼人と受取人との間に振込み
　の原因となる法律関係が存在しないにかかわらず、振込みによって受取人
　が振込金額相当の預金債権を取得したときは、振込依頼人は、受取人に対
　し、右同額の不当利得返還請求権を有することがある」としており、これ

によれば、A社はC社に対し不当利得返還請求権を行使して、誤振込金相当額の返還を求めることができる。

4）適切である。被仕向銀行が受取人口座に入金記帳した後の振込金は、受取人の預金になっているので、差押えにより受取人の差押対象債権の処分が禁止される前にあっては、受取人の承諾を得たうえで、振込金の返還をすることができる。

正解　1）

3－4　振込の組戻し

《問》Ｘ銀行は、個人Ａから、Ｙ銀行の個人Ｂ名義口座宛の振込依頼を受けた。その後、ＡからＸ銀行に、本件振込は誤振込であるので組み戻してほしい旨の依頼があった。この場合、Ｘ銀行およびＹ銀行の事務手続として、次のうち最も不適切なものはどれか。

1）Ｘ銀行が為替通知をＹ銀行へ発信後にＡの組戻依頼が行われた場合、Ｘ銀行はＹ銀行に組戻依頼をし、その回答に従って処理する。

2）Ａの依頼を受け付ける際、Ｘ銀行はＡに対して、Ｂの口座に入金されている場合は組戻しができないことがある旨を説明する。

3）Ｂの口座に振込金が入金記帳されている場合、Ｘ銀行から組戻依頼を受けたＹ銀行は、Ｂに連絡し、その承諾が得られたときに限って組戻しに応じることができる。

4）振込指定日付でＢの口座に入金記帳された先日付振込について、指定日前に組戻依頼に応じるときは、Ｂの承諾が必要である。

・解説と解答・

1）適切である。振込の組戻しは、委任契約である振込委託契約の解除であり、依頼人はいつでもこれを行うことができるが（民法651条１項）、委任事務が完了した後はすることができないと解されている。したがって、為替通知の発信後は、被仕向銀行の回答に従って処理しなければならない。

2）適切である。振込規定ひな型８条３項は、「振込先の金融機関が既に振込通知を受信しているときは、組戻しができないことがあります。この場合には、受取人との間で協議してください」としており、本肢はこれに基づく取扱いを説明したものである。

3）適切である。振込金が受取人の預金口座に入金記帳された後は、受取人の預金債権が成立しているので、受取人である預金者の承諾が得られたときに限り、組戻しに応じることができる。

4）不適切である。振込指定日までに受取人の預金口座に入金記帳していたとしても、それは事務処理上の措置であって、振込指定日までは受取人の預金債権にはなっていないので、被仕向銀行は受取人の承諾を得ることなく組戻しに応じることができる。

正解　4）

3－5　振込の取消し

《問》内国為替取引における銀行間で行われる振込の取消しについて、次
　のうち最も不適切なものはどれか。
1）振込の取消しは、振込依頼人からの依頼に基づき行われるもので、
　法律的には委任契約の解除に当たると解されている。
2）振込の取消しは、仕向銀行の錯誤によって行われた振込通知を仕向
　銀行が撤回するもので、振込依頼人の意思にかかわらず行われる。
3）振込の取消しの通知は、振込通知の発信日の翌営業日までに行わな
　ければならない。
4）振込の取消しの通知を受けたときは、被仕向銀行は、速やかに受取
　人口座における入金記帳を取り消し、資金を仕向銀行に返却しなけ
　ればならない。

・解説と解答・

1）不適切である。振込の取消しは、仕向銀行の重複発信等、誤った為替通知
　が発信された場合に、仕向銀行の取消通知により行われるので、振込依頼
　人の依頼に基づく「組戻し」とは区別される。
2）適切である。
3）適切である。
4）適切である。普通預金規定ひな型3条2項には、「この預金口座への振込
　について、振込通知の発信金融機関から重複発信等の誤発信による取消通
　知があった場合には、振込金の入金記帳を取消します」と規定されてお
　り、これにより取扱いをするときは、受取人の同意は不要である。

正解　1）

3－6　代金取立（Ⅰ）

《問》内国為替取扱規則における代金取立の取立方式について、次のうち
　　最も不適切なものはどれか。
1）代金取立は、集中取立によることを原則とし、期近ものなど集中取
　　立扱いができないものは期近手形集中取立または個別取立による。
2）取立手形には、取立委任裏書に代えて、通常、取立委任印を押印す
　　る。
3）集中取立の受託銀行は、支払期日に不渡分を差し引いて委託銀行宛
　　に資金付替を行う。
4）減額取立依頼のあった手形は、集中取立によらず個別取立による。

・解説と解答・

1）適切である。銀行における代金取立事務の合理化を図る観点から、「集中
　　取立方式」を原則としている。これに対し、「期近手形集中取立」は、集
　　中取立の対象にならない期日の切迫した手形類の取立てを集中取立と同じ
　　方式で行うものであり、あらかじめ協定を締結した銀行間のみで利用す
　　る。「個別取立」は、委託銀行・受託銀行間で1件ごとに取立てを行うも
　　のである。
2）適切である。通常、取立委任裏書に代わる取立委任印を手形に押印するこ
　　とによって取立事務を簡素化している。
3）不適切である。受託銀行の集手センターは支払期日に取立手形の合計金額
　　で資金付替を行い、不渡分については、支払期日の翌営業日までに受託店
　　または受託銀行の集手センターから委託店宛に1件ごとに資金の請求をす
　　る。
4）適切である。このほか、期日の切迫した手形、引受のない為替手形、一覧
　　払の手形、付帯物件付の手形などが、集中取立の対象外となる。

正解　3）

3－7　代金取立（Ⅱ）

《問》X銀行は、顧客Aから、複数の約束手形・為替手形について代金取立の依頼を受けた。代金取立規定（全銀協ひな型）に基づくX銀行の取扱いとして、次のうち最も適切なものはどれか。
1）Aから受け入れた手形類の一部について、手形要件が白地であったので、X銀行においてこれを補充して取立てを行った。
2）Aから受け入れた為替手形の一部について、引受がされていなかったので、引受のための呈示を行った。
3）X銀行が期日入金手形として取り扱った場合は、支払期日にAの預金口座に入金記帳し、その日からAの支払資金とすることができる。
4）不渡手形の権利保全手続は、あらかじめAの書面による依頼がない限り行う必要はない。

・解説と解答・

1）不適切である。手形要件の白地は取立依頼人があらかじめ補充しなければならず、銀行は白地を補充する義務を負わない（代金取立規定ひな型2条1項）。
2）不適切である。引受のない為替手形については、銀行は、支払人に取立受託の旨の通知を発信するにとどめ、引受および支払のための呈示をする義務を負わない（代金取立規定ひな型5条1項）。
3）不適切である。委託銀行が「期日入金手形」として取り扱ったものについては、その手形金額を支払期日に預金元帳へ入金記帳するが、その金額は、支払期日の翌営業日の銀行間における不渡通知時限経過後に委託銀行においてその決済を確認したうえでなければ支払資金とならない（代金取立規定ひな型6条1項）。
4）適切である。Aから受け入れた手形類が不渡になった場合、あらかじめ書面による依頼を受けたものに限り、権利保全の手続をする（代金取立規定ひな型7条3項）。

正解　4）

3－8　付随業務（I）

《問》銀行法で規定する「付随業務」の範囲として、次のうち最も不適切なものはどれか。

1）ファイナンス・リース業務は、「付随業務」の範囲に含まれる。

2）個人の財産形成の相談に応じる業務は、「付随業務」の範囲に含まれる。

3）いわゆる金融等デリバティブ取引については、銀行の経営の健全性を損なうおそれがないと認められる一定のものであれば、「付随業務」の範囲に含まれる。

4）国税、地方税、各種公共料金等の口座振替は、「付随業務」ではなく、「固有業務」の範囲に含まれる。

・解説と解答・

1）適切である。2011年に銀行法が改正され、ファイナンス・リース取引と同取引の代理・媒介業務が、銀行業の付随業務に追加された（銀行法10条2項18号、19号）。

2）適切である。銀行法10条2項柱書の「その他の付随業務」として、金融庁・監督指針で認められた業務である（「主要行等向けの総合的な監督指針」V－3－2－2(1)）。

3）適切である。銀行法10条2項14号、15号所定の業務である。

4）不適切である。国税、地方税、各種公共料金等の口座振替は、銀行法10条2項9号の付随業務に該当する。

正解　4）

3－9　付随業務（Ⅱ）

《問》銀行法に定められた銀行の他業禁止規定との関係で、銀行が行うことができる業務として、次のうち最も不適切なものはどれか。

1）有価証券の貸付

2）電子マネー（オフラインデビットにおける電子カードを含む）の発行に係る業務

3）取引先企業に対する経営相談・支援機能の強化の観点から、固有業務と切り離して行う場合の、オペレーティングリース（不動産を対象とするものを除く）の媒介、人材紹介業務、M＆Aに関する業務、事務受託業務

4）行内的に業務としての積極的な推進態勢を整えて行う場合の、店舗の統廃合等により余剰になった事業用不動産の賃貸業務

・解説と解答・

1）適切である（銀行法10条2項3号）。

2）適切である。監督指針において、「その他の付随業務」として例示されている業務である（「主要行等向けの総合的な監督指針」Ⅴ－3－2－2 (2)）。

3）適切である。監督指針において、「その他の付随業務」として例示されている業務である（「主要行等向けの総合的な監督指針」Ⅴ－3－2－2 (1)）。

4）不適切である。事業用不動産の賃貸等を行わざるを得なくなった場合においては、行内的に業務としての積極的な推進態勢がとられていないことなど、銀行が固有業務を遂行するなかで正当に生じた余剰能力の活用に資するかについて、銀行自らが十分挙証できるよう態勢整備を図る必要がある（「主要行等向けの総合的な監督指針」Ⅴ－3－2－2(4)注2）。

正解　4）

3－10　貸金庫業務

《問》貸金庫業務について、次のうち最も不適切なものはどれか。
1）貸金庫業務は、銀行の保護預り業務の1つとして、顧客に、銀行の営業店内にある金庫設備の一部を区画し、使用料を得て使用させるものである。
2）利用者が複数の貸金庫について貸金庫契約を締結していた場合、差押命令において差押対象が限定されていない限り、銀行は、利用者が契約しているすべての貸金庫について執行官による執行に応じなければならない。
3）貸金庫について差押えをした利用者の債権者の申立てを受けた執行官が、その内容物の引渡しを求めた場合、銀行は、利用者の同意を得ることなく、貸金庫の開扉に応じることができる。
4）貸金庫について差押えがなされた後においては、利用者はその貸金庫の内容物の一部引出しは認められないが、格納することはできる。

・解説と解答・

1）適切である。貸金庫業務は、銀行の付随業務の1つとして、本肢にあるような形で行われている（銀行法10条2項10号）。貸金庫契約は、保護函および金庫の一区画の賃貸借契約と解されており、銀行は保護函の維持とその開扉に協力する義務を負うが、その内容物については責任を負わない。
2）適切である。差押命令において差押えの対象が限定されていない場合、差押えの効力は、利用契約済貸金庫内にあるすべての内容物に及ぶ。
3）適切である。執行官を利用者とみなして、貸金庫の開扉に応じ、銀行がマスターキーによる施錠を解いて副鍵を執行官に交付すれば、その時点で内容物は執行官に引き渡されたことになる。
4）不適切である。貸金庫について差押えがなされた場合、差押えの効果は格納物全体について包括的に及んでいるので、以後、差押えが取り下げられるか、あるいは執行官による執行がなされて内容物の選別および受領が終了するまでは、利用者からの貸金庫利用は引出しはもちろん、格納にも応じることはできない。

正解　4）

3－11　貸金庫の内容物に関する強制執行

> 《問》貸金庫の内容物に対して利用者の債権者の申立てに基づく強制執行
> が行われた場合の説明として、次のうち最も不適切なものはどれか。
> 1 ）利用者の債権者は、利用者の銀行に対する貸金庫契約上の内容物引
> 渡請求権を差し押さえる方法により、強制執行を行う。
> 2 ）差押命令で特定された貸金庫が、当該利用者のものと同一であると
> 判断できれば、銀行は、執行官を利用者とみなして、所定の方法に
> より開扉に応じることができる。
> 3 ）差押命令に基づき執行官から貸金庫の開扉を求められた場合、銀行
> は、マスターキーによる施錠を解いて副鍵を執行官に交付する。
> 4 ）利用者の債権者は、貸金庫の特定の内容物について、差押えの申立
> てをする場合には、貸金庫内の個々の動産を特定して立証しなけれ
> ばならない。

・解説と解答・

1 ）適切である。最判平11.11.29（民集53巻 8 号1926頁・金法1567号10頁）に
より、銀行は貸金庫の内容物全体につき 1 個の包括的な占有を有し、利用
者は銀行に対し貸金庫の内容物全体を一括して引き渡すことを請求する権
利を有するから、利用者の債権者は、債権執行として利用者の銀行に対す
る当該引渡請求権を差し押さえる方法により強制執行をすることができる
（民事執行法143条以下）。

2 ）適切である。執行官をして、貸金庫の内容物全体の一括引渡しを受けさせ
たうえ、売却可能性を有する動産の選別をさせることになるので、その目
的物の特定については、貸金庫を特定することによって引渡請求権を特定
することができる。したがって、銀行は、差押命令で特定された貸金庫が
当該利用者のものと同一かどうかを確認しなければならない。

3 ）適切である。貸金庫の内容物引渡請求権の差押えを受けた銀行は、執行官
の貸金庫室への入室を認め、執行官が内容物を取り出すことができるよう
にすることで足りる。

4 ）不適切である。差押債権者は、貸金庫を特定し、それについて貸金庫契約
が締結されていることを立証すれば足り、貸金庫内の個々の動産を特定し
て立証する必要はない（前掲最判平11.11.29）。　　　　　　**正解　4 ）**

3－12　金融商品の勧誘・販売に関する行為規制

> 《問》金融商品の勧誘・販売について、次のうち最も適切なものはどれ
> か。
> 1）勧誘の要請をしていない顧客に対し、訪問しまたは電話をかけて金
> 　融商品の勧誘をする行為は、法令上一部の金融商品に限り禁止され
> 　ているが、禁止されていない金融商品についても節度をもって勧誘
> 　を行う必要がある。
> 2）個人顧客に対し、午後6時以降に電話または訪問して投資信託の勧
> 　誘をすることは、法令上禁止されている。
> 3）金融商品取引契約に係る契約締結前交付書面は、いかなる場合でも
> 　交付しなければならず、当該顧客に理解されるために必要な方法お
> 　よび程度による説明をしたうえで、金融商品取引契約を締結しなけ
> 　ればならない。
> 4）銀行の行職員が、顧客に対して、元本を上回る損失が生じるおそれ
> 　のある金融商品を販売する際にその旨を説明しなかった場合、銀行
> 　は、当該行為に関連して行政処分を受ける可能性があるほか、当該
> 　行職員に過失がある場合に限り、顧客に生じた損害を賠償する義務
> 　を負う。

・解説と解答・

1）適切である。金融商品取引法上、勧誘の要請をしていない顧客に対し、訪
　問しまたは電話をかけて金融商品取引契約の締結の勧誘をする行為（不招
　請勧誘）は禁止されている（同法38条4号）。その対象取引は、投資者の
　保護を図ることが特に必要なものとして政令で指定されており、個人顧客
　を相手方とする店頭デリバティブ取引全般に適用される（同法施行令16条
　の4）。もっとも、禁止されていない金融商品取引についても、当該禁止
　規定が法定されている趣旨を踏まえ、節度あるセールスを行う必要があ
　る。

2）不適切である。金融商品取引契約の締結または解約に関して、個人顧客に
　迷惑を覚えさせるような時間に電話または訪問により勧誘する行為は、法
　令上禁止されている（金融商品取引法38条9号、金融商品取引業等に関す
　る内閣府令117条1項7号）。迷惑を覚えさせるような時間とは、社会通念

に照らして個別事例ごとに実態に即して実質的に判断されるべきものであり、具体的な時間については定められていないが、貸金業法21条1項1号、同法施行規則19条1項で「午後9時から午前8時までの間」とされていることが参考になる。

3）不適切である。契約締結前交付書面を交付するに際し、あらかじめ、顧客に対して、金融商品取引法37条の3第1項3号から7号までに掲げる事項について顧客の知識、経験、財産の状況および金融商品取引契約を締結する目的に照らして当該顧客に理解されるために必要な方法および程度による説明をして、金融商品取引契約を締結しなければならない（同法38条9号、金融商品取引業等に関する内閣府令117条1項1号）。ただし、契約締結前1年以内に同種の内容の金融商品取引契約に係る契約締結前交付書面を交付済みの場合など、投資家の保護に支障が生じることがない場合として、契約締結前交付書面の交付を免除する特例がある（金融商品取引法37条の3第1項但書、金融商品取引業等に関する内閣府令80条1項）。

4）不適切である。銀行の行職員が、顧客に対して、元本を上回る損失が生じるおそれのある金融商品を販売する際にその旨を説明しなかった場合、銀行は、当該行為に関連して法令等遵守態勢や顧客説明管理態勢について不備があったとして、行政処分を受ける可能性があるほか、金融サービス法により、当該職員の過失の有無にかかわらず、顧客に生じた損害を賠償する義務を負う（同法4条1項、6条）。

正解　1）

3－13　高齢顧客に対する勧誘

《問》高齢顧客に対する勧誘に関して、日本証券業協会では「協会員の投資勧誘、顧客管理等に関する規則第5条の3の考え方（高齢顧客への勧誘による販売に係るガイドライン）」（以下、「本ガイドライン」という）を定めている。本ガイドラインの内容として、次のうち最も不適切なものはどれか。

1）本ガイドラインによれば、金融機関の営業担当者が高齢顧客に対して電話で勧誘留意商品を勧誘後、当該商品の発注を受ける場合には、原則として、その日に受注を行わず、翌日以降に電話等により、勧誘内容の理解度を確認したうえで役席者が受注することが適当であるとされる。

2）本ガイドラインによれば、投資の相談に1人で来店した78歳の高齢顧客に対して、金融機関の営業担当者が勧誘留意商品を勧誘する場合には、役席者が同席し、顧客の理解度を確認したうえで、当該顧客が自署した買付指示書を受け入れることで受注するのが適当であるとされる。

3）本ガイドラインによれば、80歳以上の高齢顧客に対しては、事前に親族の同意を得ない限り、金融商品の勧誘をすること自体が禁止されている。

4）本ガイドラインによれば、金融機関において、営業担当者が高齢顧客に対して適切な勧誘を行っているかを確認する場合、検証すべき対象となる顧客や取引を取引内容の確認結果や顧客属性等、一定の基準を定めて抽出したうえで通話録音等の確認を行うことも認められる。

● 解説と解答 ●

1）適切である。本ガイドライン3「高齢顧客への勧誘による販売商品」Q1、Q2によれば、金融商品を勧誘可能商品と勧誘留意商品に分類し、価格変動が比較的小さいこと、仕組みが複雑ではないこと、換金性が高いことなどの要件を満たす商品を勧誘可能商品（例えば、国債、普通社債等）、勧誘可能商品以外の商品を勧誘留意商品と定義し、高齢顧客に勧誘留意商品の勧誘を行う場合には、所定の手続や条件を定めて、慎重に対応する必要

がある。また、本ガイドライン4「勧誘を行う場所、方法」Q2によれば、高齢顧客はその健康状態によっては少し時間が経つと、その前のことを覚えていないということもあり得るので、高齢顧客に対して電話で勧誘留意商品を勧誘後、商品の発注を受ける場合には、原則として即日受注を行わず、翌日以降に電話等により、役席者が受注することが適当である。

2）適切である。本ガイドライン4「勧誘を行う場所、方法」Q3によれば、高齢顧客が1人で来店した場合には、営業担当者が1人で応対するのではなく、役席者が同席し、営業担当者の勧誘内容を高齢顧客が十分に理解しているかについて確認することが適当であり、その場合、営業担当者が勧誘した勧誘留意商品の購入を高齢顧客がその場で希望する場合には、高齢顧客が自署した「買付指示書」を受け入れておけばよいと考えられる。

3）不適切である。本ガイドライン2「高齢顧客の定義」Q1、Q2によれば、75歳以上の顧客を本ガイドラインの対象とし、そのなかでもより慎重な勧誘による販売を行う必要がある顧客を80歳以上の顧客とするという、2段階の目安が示されている。ただし、高齢者といっても、過去の投資経験や職業その他の経歴、健康状態等により留意すべき事項は異なるので、80歳以上について一律に禁止するとまでは定めておらず、一律禁止の取扱いをすることは、適合性の原則の観点から不適切である。

4）適切である。本ガイドライン6「モニタリング」Q3によれば、営業担当者が適切な勧誘を行っているかについては、高齢顧客が行う勧誘留意商品の取引すべての通話録音等の確認を行うことが望ましいが、現実にはすべての通話録音等を確認することは困難な場合もあるので、検証すべき対象となる顧客や取引を取引内容の確認結果や顧客属性等、一定の基準を定めて抽出したうえで確認を行うことも認められる。例えば、①高額な取引や特に複雑な商品の取引、②特に年齢の高い顧客の取引、③取引頻度の高い取引等のなかから抽出することが考えられる。

正解　3）

3-14 投資信託の販売における断定的判断の提供等の禁止

《問》登録金融機関として金融商品取引業務を行うＸ銀行の営業担当者が
投資信託を販売する際に、「必ず値上がりする。損をすることはな
い」などといって個人顧客を勧誘した場合におけるＸ銀行の責任等
として、次のうち最も不適切なものはどれか。
1）法令違反として、内閣総理大臣による監督上の行政処分の対象にな
る可能性がある。
2）顧客に損失が生じると、損害賠償責任を追及される可能性がある。
3）当該勧誘によって締結した契約が取り消される可能性がある。
4）Ｘ銀行および当該勧誘を行った営業担当者は、金融商品取引法の規
定によって刑事罰が科される可能性がある。

・解説と解答・

1）適切である。金融商品取引法38条2号の禁止行為であり、その違反は、同
法51条の2、52条の2などの行政処分の対象になる。
2）適切である。金融サービス法5条では、「顧客に対し、当該金融商品の販
売に係る事項について、不確実な事項について断定的判断を提供し、又は
確実であると誤認させるおそれのあることを告げる行為を行ってはならな
い」と定めており、これに違反して生じた当該顧客の損害を賠償しなけれ
ばならない（同法6条）。
3）適切である。勧誘によって締結した契約は、消費者である個人顧客と事業
者であるＸ銀行との間の消費者契約であるので、事業者が、「物品、権利、
役務その他の当該消費者契約の目的となるものに関し、将来におけるその
価額、将来において当該消費者が受け取るべき金額その他の将来における
変動が不確実な事項につき断定的判断を提供」したことにより、これを消
費者が「当該提供された断定的判断の内容が確実であるとの誤認」をし、
これによって契約を締結した場合、消費者は、その契約を取り消すことが
できる（消費者契約法4条1項2号）。
4）不適切である。1）のとおり、金融商品取引法38条2号の禁止行為に該当
するが、その違反に係る罰則規定はない。

正解　4）

3-15 損失補填

> 《問》登録金融機関として金融商品取引業務を行うX銀行の行員Aは、大口預金者であるBに投資信託の勧誘をし、BはAの勧誘に応じて定期預金を解約し投資信託を購入したが、Bに損失が発生したため、BはX銀行に対して、損失を補填するよう要求した場合のX銀行の対応として、次のうち最も適切なものはどれか。
>
> 1）X銀行は、Bに生じた損失の半分を補填しなければならない。
> 2）X銀行が、事故を理由にBの損失を補填するためには、内閣総理大臣の確認を受ける必要がある。
> 3）損失補填行為を現金で行うことは違法となるので、年末にお歳暮として、X銀行の関連会社からBに対して損失金額相当分の商品券を贈呈することで、Bの損失を補填することにした。
> 4）X銀行が、Bの損失を補填することは違法となるが、BがX銀行に損失補填を要求すること自体は違法とはならない。

・解説と解答・

1）不適切である。金額にかかわらず、金融機関や証券会社の顧客の要求による損失補填等は禁止されている（金融商品取引法39条1項、2項）。

2）適切である。事故による損失補填等の申込み・約束・提供は禁止されないが、事故に名を借りて損失補填することを防ぐために、内閣総理大臣の確認がなされている場合等に限り、損失補填をすることができる（金融商品取引法39条3項、7項）。なお、「事故」とは、金融商品取引業者等の役職員の事務処理の誤りや法令違反行為等をさす（金融商品取引業等に関する内閣府令118条）。

3）不適切である。社会儀礼の範囲内でBにお歳暮を贈ることは許されるが、損失補填目的であれば許されない。また、第三者に財産上の利益を提供させることも禁止されている（金融商品取引法39条1項）。

4）不適切である。顧客Bが損失補填を要求する行為も禁止されている（金融商品取引法39条2項）。

正解　2）

3－16 保険商品の窓口販売

《問》特定保険募集人である銀行による保険商品の窓口販売について、次のうち最も不適切なものはどれか。
1）銀行が、事業性資金の融資の申込みをしている法人の代表者に対し、保険募集を行うことは禁止されている。
2）銀行が保持している顧客の預金等に係る情報等を利用して保険募集を行う際には、当該顧客の事前の同意を必要とする。
3）銀行が保険募集を行う場合に、顧客に対して保険契約の契約条項のうち、保険契約者または被保険者の判断に影響を及ぼすこととなる重要な事項を告げなかった場合は行政処分の対象となるが、刑事罰が科されることはない。
4）銀行は、生命保険会社を代理して、生命保険契約を締結する権限を与えられておらず、生命保険会社と顧客との生命保険契約の締結を媒介できるにすぎない。

・解説と解答・

1）適切である。一部の保険商品については、顧客が銀行に対して、事業性資金の融資の申込みをしていることを知りながら、銀行が当該顧客または密接関係者（当該顧客が法人の場合は当該法人の代表者、当該顧客が法人の代表者の場合は当該法人）に対し、生命保険や損害保険の募集を行うことは禁止されている（いわゆるタイミング規制。保険業法300条1項9号、同法施行規則234条1項10号）。

2）適切である。銀行は、顧客の事前の同意なく、銀行が保持している顧客の預金等に係る情報等を利用して保険募集を行わないよう、また、銀行が保険募集において取得した顧客情報を預金や貸出取引等の銀行業務に利用しないように、適切な措置を講じなければならない（非公開情報保護措置。保険業法施行規則212条2項1号、212条の2第2項1号）。

3）不適切である。保険業法上、保険募集を行う際に、保険契約者または被保険者に対して、虚偽のことを告げ、または保険契約の契約条項のうち保険契約者または被保険者の判断に影響を及ぼす重要な事項を告げない行為は禁止されている（同法300条1項1号）。また、保険募集人がこれらの行為を行った場合、行政処分のみならず、刑罰も科される可能性がある（同法

315条8号、317条の2第7号）。

4）適切である。金融機関が生命保険の窓口販売を行う場合、保険会社との間で金融機関募集代理店委託契約といった代理店契約を締結するが、代理店契約といっても、金融機関には保険契約を締結する権限は与えられておらず、業務範囲の主なものは、生命保険契約締結の媒介になる（保険媒介代理業における生命保険媒介業に当たる）。

<u>正解　3）</u>

3−17 株式払込金の取扱い

《問》X銀行が個人取引先Aが法人成りをするにあたり、発起設立による
株式払込金の取扱いの委託を受けた場合のX銀行の対応㋐〜㋒につ
いて、次のうち適切なものはどれか。

㋐X銀行は、発起人と株式払込事務取扱委託契約を締結する。
㋑X銀行は、株式払込金の払込完了後、発起人の請求により「払込金
保管証明書」を作成し、会社に交付する。
㋒X銀行は、設立登記が完了したことを確認するまでは、株式払込金
の払戻しに応じることはできない。

1) 適切な記述は、㋐のみである。
2) 適切な記述は、㋑のみである。
3) 適切な記述は、㋒のみである。
4) 適切な記述は、㋑と㋒である。

・解説と解答・

㋐ 適切である。株式会社の設立にあたって、発起人が定款を作成し、払込事
務取扱委託契約を含む設立事務全般を企画・実行する（会社法26条、34
条）。

㋑ 不適切である。2006年の会社法制定前は、発起設立・募集設立いずれにつ
いても、払込取扱金融機関は、払込金保管証明書を発起人に交付すること
を義務付けていたが、会社法では発起設立においてこの制度を廃止し、設
立登記申請にあたって添付する「払込みがあったことを証明する書類」と
しては、払込取扱金融機関の発行する残高証明書や預金口座通帳の写し等
で代用可能となった（商業登記法47条2項5号、会社法64条1項）。

㋒ 不適切である。発起設立では、発起人は銀行に対して、払込金受入れのた
めの口座開設、および一定の時点での当該口座の残高証明の発行依頼をす
るだけであり、口座を開設した銀行としても、当該口座に払い込まれた資
金について、会社成立の日まで保管の責任を負担するものではなく、払込
みの事実を、残高証明書、預金通帳等によって証明できればよいので、会
社成立前であっても払込金の返還に応じることができる。　　　正解　1)

第4章

融資Ⅰ（実行、管理、回収等）

4－1　融資における優越的地位の濫用（独占禁止法）

《問》X銀行の融資取引先であるA社に対する次の㋐〜㋒の行為について、独占禁止法で禁止する不公正な取引方法のうちの「優越的地位の濫用」に該当しないものはいくつあるか。

㋐X銀行のグループ会社の株式を取得することが融資を行う条件である旨を示唆して、A社に当該株式を取得させた。

㋑X銀行で販売する金融商品の購入に応じなければ、融資等に関し不利な取扱いをする旨を示唆して、A社に当該商品の購入を余儀なくさせた。

㋒X銀行のグループ会社が提供する保険契約を締結しなければ、融資等に関し不利な取扱いをする旨を示唆して、A社に当該契約を締結させた。

1）0（なし）　　2）1つ　　3）2つ　　4）3つ

・解説と解答・

　㋐㋑㋒すべて「優越的地位の濫用」に該当する。銀行が、融資取引先等に対して自行のグループ会社等との取引を強要したり、自行の提供する金融商品・サービスの購入を要請したりすることは、融資取引先等の自由かつ自主的な判断に基づく取引を阻害するとして、「優越的地位の濫用」に該当する。「優越的地位の濫用」は、独占禁止法2条9項5号に規定する「不公正な取引方法」に該当し、同法19条によって禁止され、違反については排除命令、課徴金、差止請求、損害賠償請求等の対象となり得る（同法20条、20条の6、24条、25条）ほか、銀行法上禁止行為とされ（同法13条の3第3号、4号、同法施行規則14条の11の3第3号）、行政処分の対象となる（同法26条1項）。

　なお、優越的地位の濫用に該当するか否かの判断にあたっては、①相手方の自己に対する取引依存度、②自己の市場における地位、③相手方の取引先変更の可能性、④取引対象商品・役務の需給関係等を総合的に考慮することとされており（公正取引委員会「優越的地位の濫用に関する独占禁止法上の考え方」第2の1および2）、主力行以外の銀行でも優越的地位が認定されうることに注意が必要である。

<u>正解　1）</u>

4－2　独占禁止法における不当な取引制限

《問》A社は、取引銀行であるX銀行、Y銀行、Z銀行に対して、「6億
　　円を固定金利、期間は3年の期限一括返済で借入れをしたいので、
　　借入金利を提示してほしい。一番低い金利を提示してくれた銀行か
　　ら借入れをするが、同一金利の場合は按分して借入れする」との依
　　頼をした。この依頼に対する銀行側の対応として、独占禁止法上の
　　「不当な取引制限」に該当しないものは、次のうちどれか。
　1）X銀行、Y銀行、Z銀行が相談して同一の金利を提示すること
　2）X銀行、Y銀行、Z銀行が暗黙の合意により、同一の金利を提示す
　　ること
　3）X銀行、Y銀行、Z銀行が情報交換することなく、他行の動向を見
　　極めて提示した金利が、結果的に同一となること
　4）主力行であるX銀行がプライスリーダーとして、Y銀行とZ銀行に
　　提示する貸出金利を連絡し、Y銀行、Z銀行がX銀行の貸出金利に
　　追随すること

・解説と解答・

　独占禁止法は、「事業者が、契約、協定その他何らの名義をもつてするかを
問わず、他の事業者と共同して対価を決定し、維持し、若しくは引き上げ、又
は数量、技術、製品、設備若しくは取引の相手方を制限する等相互にその事業
活動を拘束し、又は遂行することにより、公共の利益に反して、一定の取引分
野における競争を実質的に制限すること」を「不当な取引制限」として禁止し
ている（同法2条6項、3条）。ただし、経営不振に陥った顧客からの要請に
基づき、経営改善支援を目的として、話し合いにより金利を統一する場合や顧
客の利益になる場合は、自己の取引上の地位を不当に利用したと判断される特
段の事情がない限り、違法とはならない。もっとも、たとえ顧客からの要請に
よるもので、当該顧客の利益になる行為であったとしても、それが一定の取引
分野における競争の実質的制限につながり、結果として消費者の利益や国民経
済の健全な発展を阻害するような場合には、独占禁止法に抵触することがあり
得る点に注意が必要である。
　1）該当する。貸出金利は各銀行が自由に決定し、提示すべきものであるか
　　ら、たとえそれが制裁規定を欠く紳士協定であったとしても「不当な取引

制限」となる。

2）該当する。明示的に合意しようが、暗黙に合意しようが、「他の事業者と
共同して対価を決定」に該当し、「不当な取引制限」となる。

3）該当しない。情報交換することなく、結果として同一金利を提示すること
は、「不当な取引制限」とならない。

4）該当する。特定の銀行をプライスリーダーとして同一金利を提示すること
は、暗黙の合意とみなされ、「不当な取引制限」となる。

正解　3）

4－3　融資約定と暴力団排除条項

《問》全国銀行協会の「銀行取引約定書に盛り込む暴力団排除条項の参考
例」について、次のうち最も不適切なものはどれか。

1 ）融資先または保証人が、現在において暴力団、暴力団員、暴力団で
なくなった時から5年を経過しない者、暴力団準構成員、暴力団関
係企業等に該当しないことを表明し、かつ将来にわたっても該当し
ないことを確約する旨が規定されている。

2 ）融資先または保証人が、自らまたは第三者を利用して、暴力的な要
求行為等を行わないことを確約する旨が規定されている。

3 ）融資先または保証人が、暴力団、暴力団員、暴力団準構成員、暴力
団関係企業等であることが判明し、取引を継続することが不適切で
ある場合には、銀行からの請求によって、期限の利益を喪失する旨
が規定されている。

4 ）融資先または保証人が、自らまたは第三者を利用して、暴力的な要
求行為等を行った場合には、銀行からの請求がなくても、当然に期
限の利益を喪失する旨が規定されている。

・解説と解答・

　全国銀行協会の「銀行取引約定書に盛り込む暴力団排除条項の参考例」（以
下、「暴力団排除条項」）とは、取引当事者間の法律関係を規定する契約書、規
約、取引約款等の条項であって、暴力団等の反社会的勢力が当該取引の相手方
となることを拒絶し、あるいは取引開始後に相手方が暴力団等の反社会的勢力
であることを認知した場合に契約の解除等の取引の終了事由により、相手方を
当該取引から排除することを規定した条項をいう。

1 ）適切である。暴力団排除条項の参考例は、①暴力団、②暴力団員、③暴力
団員でなくなった時から5年を経過しない者、④暴力団準構成員、⑤暴力
団関係企業、⑥総会屋等、⑦社会運動等標ぼうゴロまたは特殊知能暴力集
団等、⑧その他これらに準ずる者に該当しないこと、および暴力団員等が
経営を支配していると認められる関係を有する、暴力団員等の資金獲得活
動に協力・関与するなど、いわゆる「共生者」5類型に該当しないことを
表明・確約するという内容になっている。これに違反したときは、銀行か
らの請求によって期限の利益を喪失する。

2) 適切である。暴力団排除条項の参考例は、①暴力的な要求行為、②法的な責任を超えた不当な要求行為、③取引に関して、脅迫的な言動をし、または暴力を用いる行為、④風説を流布し、偽計を用いまたは威力を用いて銀行の信用を毀損し、または銀行の業務を妨害する行為、⑤その他これらに準ずる行為を行わないことを確約する内容になっている。これに違反したときは、銀行からの請求によって期限の利益を喪失する。

3) 適切である。暴力団排除条項の参考例は、1) に記載の①～⑧に該当しないことを表明・確約したにもかかわらず、これに違反したときは、銀行からの請求によって期限の利益を喪失する旨を規定している。

4) 不適切である。暴力団排除条項の参考例は、2) に記載の①～⑤の行為を行わないことを確約したにもかかわらず、これに違反したときは、銀行からの請求によって期限の利益を喪失する旨を規定しているため、これらの行為がなされても、銀行からの請求がなされなければ、融資先は期限の利益を喪失しない。

正解　4)

4 － 4　貸出金利の規制

> 《問》貸出金利の規制について、次のうち最も不適切なものはどれか。
> 　1 ）臨時金利調整法による銀行の貸付の利率、手形の割引率および当座
> 　　　貸越の利率の最高限度は、返済期限 1 年以上または 1 件の金額100
> 　　　万円以下の貸付および手形の割引、特別国際金融取引勘定において
> 　　　経理される貸付、外国通貨建ての貸出を除いて、年15％である。
> 　2 ）金銭を目的とする消費貸借における利息の契約は、利息制限法によ
> 　　　り元本の額が100万円以上の場合、その利息が年15％により計算し
> 　　　た金額を超えるときは、その超過部分は無効である。
> 　3 ）利息制限法では、元本の額が100万円以上の場合の遅延損害金の上
> 　　　限は、年21.9％である。
> 　4 ）出資法では、業として元本10万円以上100万円未満の金銭の貸付を
> 　　　行う場合、年18％を超える割合による利息の契約をしたときは、刑
> 　　　事罰の対象になる。

・解説と解答・

1 ）適切である。銀行の貸付の利率、手形の割引率および当座貸越の利率の最
　高限度は、返済期限 1 年以上または 1 件の金額100万円以下の貸付および
　手形の割引、特別国際金融取引勘定において経理される貸付、および外国
　通貨建ての貸出を除いて、年15％である（昭和23年（1948年） 1 月10日大
　蔵省告示第 4 号「金融機関の金利の最高限度に関する件」、臨時金利調整
　法 2 条 1 項）。

2 ）適切である。金銭を目的とする消費貸借における利息の契約は、元本の額
　が100万円以上の場合、その利息が年15％により計算した金額を超えると
　き、その超過部分は無効である（利息制限法 1 条 3 号）。なお、業として
　貸付を行う場合、①同一債務者に複数の貸付が存在するときは、当該業者
　からの既存の貸付残高と新たな貸付元本額との合計額に応じて上限金利が
　定まること（同法 5 条）、②上限金利を計算するにあたり借主が保証業者
　に支払う保証料を含めて計算すること（同法 8 条）に留意が必要である。

3 ）適切である。遅延損害金について、利息制限法 4 条は、その賠償額の元本
　に対する割合が制限利率（同法 1 条）の1.46倍を超えるときは、その超過
　部分について無効とする。同法上、元本の額が100万円以上の場合の制限

利息は年15％なので、その遅延損害金の上限は年21.9％である。

4）不適切である。元本10万円以上100万円未満の金銭の貸付を行う場合、業として行うか否かにかかわらず、その利息が年18％により計算した金額を超えるときは、その超過部分は無効とされるが（利息制限法1条2号）、刑事罰の対象になることはない。これに対して、出資法5条2項では、金銭の貸付を行う者が業として金銭の貸付を行う場合（銀行等の融資を含む）において、年20％を超える割合による利息の契約をしたときは、5年以下の懲役もしくは1,000万円以下の罰金、またはこれを併科する旨が規定されているが、18％を超えても20％以下であれば、刑事罰の対象とはならない。

<u>正解</u>　4）

4－5　手形貸付（Ⅰ）

《問》X銀行が、取引先A社に対して、手形貸付を実行した場合等について、次のうち最も適切なものはどれか。

1）X銀行は、A社から約束手形の差入れを受けているので、A社に対して、金銭消費貸借契約に基づく貸金返還請求権を行使することができず、手形債権しか行使することができない。

2）X銀行は、手形債権が時効によって消滅した場合でも、A社に対して、金銭消費貸借契約に基づく貸金返還請求権を行使することができる。

3）X銀行が、支払期日到来時に、A社から新たな手形の差入れを受けて、旧手形を返却した場合でも、一般に、新旧両手形に係る手形債権の同一性は維持されると解するのが判例である。

4）X銀行が、A社の債務不履行時に、判決による債権回収を図るための手段としては、通常の貸金返還請求訴訟によるほかない。

・解説と解答・

1）不適切である。手形貸付の場合、銀行は、手形の受取人として手形債権を取得するほか、金銭消費貸借契約に基づく貸金返還請求権も取得するので、どちらの債権も行使することができ、そのいずれを先に行使するかは銀行の任意とされている（最判昭和23.10.14民集2巻11号376頁、銀行取引約定書2条）。

2）適切である。手形債権と貸金債権は、貸付金の回収という同一の目的のために併存するので、その一方が目的を達して消滅すれば他方も当然に消滅する関係にあるが、時効消滅は弁済等と異なり、「目的を達して」消滅するわけではないため、手形債権が時効消滅しても貸金債権を行使することはできる。ただし、貸金債権が時効消滅した場合には、融資先は原因債権消滅という人的抗弁を主張して、手形の支払を拒むことができる（最判昭23.10.14民集2巻11号376頁）。

3）不適切である。手形書替について、判例は、「旧手形を現実に回収して発行する等特別の事情のない限り、所論のごとく単に旧手形債務の支払を延長する」ためになされたものと解すべきである（最判昭29.11.18民集8巻11号2052頁）とする。これによれば、本肢は、X銀行が、旧手形をA社へ

返却しているので、特別な事情に該当し、新旧両手形債権の同一性が認められないことになる。ただし、この場合であっても手形債権の原因債権たる貸金債権については同一性が認められるので（東京地判平8.8.24金法1474号37頁、東京地判平10.2.17金判1056号29頁）、当該貸付金の担保・保証は直ちに失われるものではないと解される。

4）不適切である。手形訴訟を利用することも可能である。手形訴訟では、反訴を提起することができず（民事訴訟法351条）、証拠調べは書証に限られる等（同法352条）、簡易・迅速な手続で、債務名義となる確定判決を得ることができる。

正解　2）

4－6　手形貸付（Ⅱ）

> 《問》手形貸付に関する次の㋐～㋒の記述のうち、不適切なものはどれか。
>
> > ㋐手形貸付の法的性質は金銭の消費貸借であり、債権者である銀行は、債務者である取引先に対し、金銭消費貸借契約に基づく貸金返還請求権を有している。
> >
> > ㋑手形貸付において、債権者である銀行は、債務者である取引先に対し、手形債権を有しており、当該取引先から任意の弁済を受けられない場合には、手形債権を行使して貸付金を回収することができる。
> >
> > ㋒手形貸付は、一般に、1年超の長期金融に利用される融資方法であるとされている。
>
> 1）不適切なものは、㋐のみである。
> 2）不適切なものは、㋐と㋑である。
> 3）不適切なものは、㋑と㋒である。
> 4）不適切なものは、㋒のみである。

・解説と解答・

㋐　適切である。手形貸付の法的性質は、金銭消費貸借契約である。債権者である銀行は債務者である取引先に対し、手形債権とは別に、金銭消費貸借契約に基づく貸金返還請求権を有している。なお、いずれの権利を行使するかは銀行の自由とされている（最判昭23.10.14民集2巻11号376頁、銀行取引約定書2条）。

㋑　適切である。債権者である銀行は、債務者である取引先に対し、金銭消費貸借契約に基づく貸金返還請求権とともに手形債権も有しており、当該手形債権を行使して貸付金を回収することができる。もっとも、手形債権を自働債権として相殺する場合は手形の呈示証券性・受戻証券性から相殺と同時に手形を交付しなければならないのに対し、貸金債権を自働債権として相殺する場合には手形の呈示や同時返還は不要であるため（銀行取引約定書8条1項）、相殺を実施する際には、貸金債権（手形貸付債権）を自

働債権とするのが一般的である。

ⓒ 不適切である。手形貸付は、証書貸付とは異なり、元本の分割弁済の方法
や利息の支払方法等を契約書上に明記できないことから、長期分割弁済を
前提とする長期金融には適しておらず、一般に、1年以内の短期金融に利
用される融資方法である。

<u>正解　4）</u>

4－7　手形割引

> 《問》手形割引について、次のうち最も適切なものはどれか。
> 1）手形割引において銀行が割引依頼人から受け取る割引料は利息ではないため、臨時金利調整法の規制の対象外である。
> 2）銀行取引約定書では、割引依頼人に一定の事由が生じると、全部の割引手形について銀行からの通知・催告等がなくても当然に買戻請求権が発生する旨が定められている。
> 3）銀行が割引依頼人に対し、手形面記載の金額で手形の買戻しを求める権利を「遡求権」という。
> 4）振出日または受取人が白地の確定日払約束手形を割り引き、そのまま支払呈示をしたときでも、白地を理由に不渡返還されることはなく、法律上有効な支払呈示が行われたとして遡求権を行使することができる。

・解説と解答・

1）不適切である。臨時金利調整法において、規制の対象になる金利が定義されており、手形の割引率も同法の規制対象である（同法1条2項）。

2）適切である。銀行取引約定書には、割引手形買戻条項が規定されており、割引依頼人について期限の利益の当然喪失事由が生じれば、全部の割引手形について銀行からの通知・催告等がなくても当然に買戻請求権が発生する（銀行取引約定書旧ひな型5条1項、6条1項）。

3）不適切である。遡求権は、手形の所持人が裏書人に対して担保責任を追及する手形法上の権利である（手形法43条、77条1項4号）。本肢は買戻請求権のことをさしており、買取請求権は銀行取引約定書に基づく契約上（民法上）の権利である。

4）不適切である。振出日または受取人が白地の確定日払手形であっても、支払銀行は、その呈示に基づき当座勘定から支払うことができるため（当座勘定規定ひな型17条1項）、支払資金があれば通常は決済される。しかし、振出日白地の確定日払手形を満期日に支払呈示しても、適法な支払呈示とはならず当該手形は手形要件の記載を欠く無効な手形であるので、裏書人に対し手形上の権利（遡求権）を行使することはできないとするのが判例（最判昭41.10.13民集20巻8号1632頁・金法460号6頁）であり、遡求権を

行使するためには、支払呈示前に白地を補充しておかなければならない。ただし、手形要件の記載を欠く無効な手形であっても、銀行は割引依頼人に対して買戻請求権を行使することはできる（銀行取引約定書6条2項、10条3項）。

<u>正解　2）</u>

4－8 割引手形の買戻請求権

《問》A社との間で手形割引取引を行っているX銀行Y支店が、A社に対して通知・催告等をすることなく割引手形の買戻請求権が行使できる場合として、次のうち最も不適切なものはどれか。

1）A社が破産手続開始の申立てを行ったとき
2）A社の預金に仮差押えの命令が発送されたとき
3）A社が会社更生手続開始の申立てを行ったとき
4）A社に対して債権保全を必要とする相当の事由が生じたとき

・解説と解答・

　銀行取引約定書の割引手形買戻条項によれば、割引依頼人について、①支払の停止または破産手続開始、民事再生手続開始、会社更生手続開始、もしくは特別清算開始の申立てがあったとき、②手形交換所（電子交換所）の取引停止処分を受けたとき、③本人または保証人の預金その他の銀行に対する債権について仮差押え、保全差押えまたは差押えの命令、通知が発送されたとき、④住所変更の届出を怠るなど本人の責めに帰すべき事由によって、銀行に本人の所在が不明となったとき等の事由が生じると、全部の手形について銀行からの通知・催告等がなくても当該事由が発生した時点で当然に買戻請求権が発生する（銀行取引約定書旧ひな型5条1項、6条1項）。

　以上により、1）、2）、3）は、当然に手形の買戻債務が発生する場合に該当するが、4）は、銀行からの請求によって買戻請求権が発生する場合であるため、該当しない（銀行取引約定書旧ひな型6条2項）。なお、この場合、買戻請求権が発生するのは、原則として銀行からの請求が割引依頼人に到達した時点である（民法97条1項）。

<u>正解　4）</u>

4-9 手形割引与信の回収

《問》X銀行が、振出人A、第1裏書人B、第2裏書人Cの約束手形を、Cの依頼に基づき割り引いたところ、不渡となった場合のX銀行の対応等として、次のうち最も不適切なものはどれか。

1）X銀行は、手形の振出人であるAに対して手形金の支払請求をすることができ、B、Cに対しては遡求権を行使することができる。

2）X銀行は、手形上の署名者であるA、B、Cを被告として手形訴訟を提起することができる。

3）X銀行がCに対して、不渡となった旨を呈示日から4営業日以内に通知をしないと、B、Cに対して遡求権を行使できなくなる。

4）手形の振出人であるAが、電子交換所に対して異議申立手続をとった場合、X銀行は、支払銀行に預託されている異議申立預託金返還請求権に対する仮差押えを検討する。

・解説と解答・

1）適切である。割引手形が不渡となった場合、割引銀行は、A（手形の振出人）に対して手形金の支払請求をすることができ、また中間裏書人に対しては、手形法上の権利である遡求権を行使することができる（同法43条、77条1項4号）。もっとも、C（割引依頼人）に対しては、手形訴訟を提起（2の解説参照）するような特殊のケースを除き、遡求権よりも銀行取引約定書に基づく権利である買戻請求権（同約定書6条）を優先して行使するのが一般的である。

2）適切である。手形による金銭の支払の請求および付帯する遅延損害金（法定利率によるものに限る）の訴えについては、手形訴訟による審理・裁判を求めることが可能で（民事訴訟法350条1項）、手形上の署名者に対して、これを提起することができる。手形訴訟は、証拠を制限して、迅速に判決することにより、正当な手形所持人が迅速に権利を実現することを目的として設けられた特別訴訟手続である。ただし、手形訴訟の対象は手形法上の支払請求権や訴求権等であり、特約に基づく権利である買戻請求権を対象とすることはできない。

3）不適切である。不渡があった旨の通知は、これを怠ったからといって、手形上の権利者がその権利を失うことはない（手形法45条6項、77条1項4

号）。ただし、呈示日から4営業日以内に通知しなかったことによって裏書人に損害が生じたときは、銀行が手形金額の範囲内で裏書人に対する損害賠償責任を負うことになるので、通知は期限内に行う事を要する。

4）適切である。交換呈示手形につき異議申立手続がされた場合には、通常、手形金と同額の異議申立預託金が支払銀行に預託され、支払銀行から電子交換所に異議申立提供金を提供して異議申立てを行うので（電子交換所規則45条）、債権者であるX銀行としては、異議申立預託金返還請求権に対する仮差押えを検討すべきである。ただし、支払銀行とAの間で融資取引がある場合、X銀行の仮差押えは、支払銀行による相殺に対抗できないので（民法511条1項）、費用対効果の観点からの検討も重要である。

<u>正解</u>　3）

4－10　当座貸越取引

《問》X銀行がA社との間で5,000万円の極度額を設定して当座勘定貸越
約定書に基づく当座貸越取引を行っている場合について、次のうち
最も不適切なものはどれか。

1) X銀行は、5,000万円に達するまでA社振出の手形・小切手を支払
う義務を負う。

2) A社とX銀行間の当座貸越取引においては、当座勘定規定およびA
社が別に差し入れた銀行取引約定書の条項が適用される。

3) 仮に、X銀行とA社との間の当座勘定取引契約がないときでも、当
座勘定取引とは別個の取引として当座勘定貸越約定書に基づく当座
貸越取引を行うことができる。

4) X銀行は、債権保全に必要と認められる相当の理由がある場合など
を除き、みだりにA社との間の当座貸越契約を解約できない。

・解説と解答・

1) 適切である。当座勘定貸越契約の効果として、銀行は貸越極度額までの融
資義務を負い、当座預金の残高を超える金額の手形・小切手の支払呈示が
あると、貸越極度額を限度としてX銀行が決済資金を立て替えて、手形・
小切手の決済を行う。X銀行が貸越義務に反して手形・小切手を不渡にす
ると、A社に対して契約不履行による損害賠償責任を負うことになる。

2) 適切である。両者は基本約定書と個別約定書の関係にあり、個別約定書で
ある当座勘定貸越契約書と基本約定書である銀行取引約定書の規定が抵触
する場合には、原則として当座勘定貸越契約書の規定が優先して適用され
る。なお、当座勘定貸越約定書前文においても、当座勘定規定および別に
差し入れた銀行取引約定書の各条項のほか、当座勘定貸越約定書の各条項
を確約する旨が規定されている。

3) 不適切である。近時、銀行と取引先の間で極度額等を定めた当座貸越契約
を締結した後、取引先が銀行に提出する個別の借入申込書等に基づいて当
座貸越を発生させ、返済予定日に口座振替等によって返済がなされるとい
う当座勘定を伴わない当座貸越も広く利用されている。しかし、当座勘定
貸越約定書に基づく当座貸越取引は、当座勘定取引に付帯して、貸越極度
額を設定した取引で、当座勘定貸越約定書前文に「当座勘定取引に付帯す

る当座貸越取引」と定められているため、当座勘定取引契約がなければ、当座貸越取引を行うことはできない。

4）適切である。当座貸越契約では、銀行の解約権が定められているが、その行使は、「金融情勢の変化、債権の保全その他相当の事由があるとき」とされている（当座勘定貸越約定書6条1項）。

正解　3）

4-11　支払承諾

《問》X銀行が、取引先である小売業者A社とB社との間の継続的売買契約によって生じるA社の買掛金債務に関して、A社の依頼により支払承諾取引を行っている場合について、次のうち最も不適切なものはどれか。

1）A社が買掛金債務を履行しない場合、X銀行は、B社に対して保証債務を履行しなければならない。

2）X銀行がB社に対して保証債務を履行した場合は、X銀行は、A社に対して求償権を行使することができる。

3）X銀行は、保証債務履行前であっても、一定の要件を満たせば、A社に対してあらかじめ求償権を行使することができる。

4）X銀行のA社に対する事前求償権と事後求償権は、相互補完的なものであり、両者の法的性質も同一であると解されている。

・解説と解答・

1）適切である。支払承諾取引は、銀行と取引先（主たる債務者）との間に保証委託契約、銀行と取引先の債権者との間に保証契約を成立させる取引であるため、銀行は、主たる債務者がその債務を履行しないときに、その履行をする責任を負う（民法446条1項）。

2）適切である。X銀行はA社から委託を受けた保証人である。保証人が主たる債務者の委託を受けて保証をした場合において、主たる債務者に代わって弁済をしたときは、その保証人は、主たる債務者に対して求償権（事後求償権）を有する（民法459条1項）。なお、支払承諾約定書7条は、求償の範囲を①履行金額、②履行金額に対する履行日以後の損害金、③支払いのために要した費用、④取引先に対する権利の行使または保全のために要した費用と定めている。

3）適切である。保証人は、主たる債務者の委託を受けて保証をした場合において、民法460条または支払承諾約定書8条1項・2項に定める事由が生じたときは、主たる債務者に対して、あらかじめ求償権（事前求償権）を行使することができる。

4）不適切である。判例は、事前求償権は事後求償権とその発生要件を異にするものであるうえ、事前求償権には、事後求償権にない抗弁が付着し、ま

た、消滅原因が規定されていることに照らすと、両者は別個の権利であり、その法的性質も異なるものと解している（最判昭60.2.12民集39巻1号89頁・金法1091号36頁）。たとえば、相殺権を行使する場合、自働債権に抗弁権が付着していないことを要するため（大判昭和5・10・24民集9巻12号1049頁）、民法461条1項の抗弁権が付着した事前求償権を自働債権とする預金相殺は民法上認められず、また、求償権または原債権のために取引先が担保権を行使すること自体ができないとされている（大判昭和15.8.23判決全集7輯29号9頁）。もっとも、支払承諾約定書8条3項は、銀行が事前求償権を行使するときは、取引先はこれらの抗弁権を主張しない旨特約しているため、実務上は、事前求償権と事後求償権との差異はない。ただし、両者は法律上の性質の異なる別個の権利である以上、両者の発生原因と権利行使による効果を比較検討して、いずれの権利を行使するかを選択すべきである。

正解　4）

4－12　債務者の相続

《問》X銀行の融資取引先である個人顧客Aが死亡した場合のAの借入金
債務の相続について、次のうち最も不適切なものはどれか。
1）Aの借入金債務は、相続開始と同時に、法定相続分に応じて各共同
相続人に分割承継される。
2）共同相続人のうちの1人がAの債務をすべて承継することが共同相
続人全員の同意によって決定した場合、当該債務の承継について、
X銀行の承諾は不要である。
3）共同相続人のうちの1人が相続放棄をしたとき、放棄した相続人の
相続分に相当する借入金債務は、ほかの相続人に帰属する。
4）共同相続人の全員が相続放棄をした結果、相続人が不存在となった
場合、X銀行の請求により家庭裁判所が選任した相続財産清算人が
清算手続をとることで、X銀行は貸出金の回収を図ることができ
る。

・解説と解答・

1）適切である。各共同相続人は、その法定相続分に応じて被相続人の権利義
務を承継し（民法899条）、可分債務である借入金債務の相続についても、
各共同相続人は相続分に従って分割された被相続人の債務を承継し、共同
相続人相互に連帯責任を負うものではない（大決昭5.12.4民集9巻1118
頁、最判昭34.6.19民集13巻6号757頁・金法216号10頁）。

2）不適切である。可分債務は、法定相続分に従って各相続人に分割承継さ
れ、被相続人が負担していた金銭債務は遺産分割の対象とならないと解さ
れているため（東京高決昭37.4.13判タ142号74頁）、特定の相続人がその
債務全額を承継するためには、免責的債務引受を行う必要がある。そし
て、免責的債務引受がなされると債務者が入れ替わることから、その債務
者の資力によって債権者の回収可能性も変動し、債権者の利害に大きな影
響を及ぼすこととなるので、少なくとも債権者がその債務引受に承諾しな
い限り、その免責的債務引受は効力を生じず、債権者は、その相続人間の
免責的債務引受の同意には拘束されない（民法472条3項）。

3）適切である。相続を放棄した者は、その相続に関しては初めから相続人と
ならなかったものとみなされるので（民法939条）、共同相続人の人数が減

少する。その者の相続分はほかの相続人に帰属することになり、ほかの相続人がその債務を法定相続分に応じて分割承継する。

4）適切である。共同相続人の全員が相続を放棄すると、次順位の相続人が繰り上がって相続人となるが、その繰り上がるべき相続人がいなかった場合のように、相続人のいないことが明らかな場合も「相続人のあることが明らかでないとき」として、相続財産は法人となる（民法951条）。この場合、家庭裁判所は利害関係人（債権者等）であるＸ銀行の請求によって相続財産清算人を選任し（同法952条1項）、その選任された相続財産清算人が清算手続をとることとなり、Ｘ銀行はその清算手続のなかで貸出金の回収を図ることとなる。なお、2021年改正民法により、複数の相続人が限定承認した場合（同法936条1項）や相続人のあることが明らかでない場合（同法952条1項）に選任される者（改正前民法では「相続財産管理人」）の名称が、2023年4月1日から「相続財産清算人」に変更され、同法897条の2に基づき相続財産の保存のために選任される相続財産管理人と区別されている。

正解　2）

4-13 取引先の死亡

《問》X銀行の融資取引先である個人顧客Aが亡くなった場合について、次のうち最も適切なものはどれか。

1) AはX銀行に600万円の相続預金を有しており、Aには、配偶者B、子C、妹Dおよび父Eがいた場合、相続人全員の合意を得て法定相続分に従って分配すると、Bが300万円、CとEが150万円をそれぞれ承継する。

2) X銀行が、A所有のP土地に根抵当権の設定を受けて融資をしている場合、相続開始後6カ月以内に、Aの相続人との間で債務者となる相続人について合意し、かつその旨の登記をしなければ、担保すべき元本は、相続開始時に確定したものとみなされる。

3) Aが亡くなる直前に、遺言としてX銀行に有するAの預金はすべて相続人Fに相続させるとパソコンで入力して紙に印刷し、末尾に自署をして封をせずに机の引き出しにしまっておいた場合であっても遺言として有効であるから、F以外に相続人がいたとしても、X銀行は、Fから預金全額の払戻請求があった場合は、Fに全額支払わなければならない。

4) Aの法定相続人が子Gと子Hのみであり、AはGに対して預金全額を相続させる旨の遺言をしていた場合、GからX銀行に対して預金全額の払戻請求があったとしても、X銀行は、Hの遺留分侵害額請求に備えて、遺留分に相当する金額の支払を拒絶しなければならない。

・解説と解答・

1) 不適切である。本肢では、Aの相続人は配偶者Bおよび子Cのみであり、父Eは、子およびその代襲者がいない場合に相続人となり、さらに妹Dは、子およびその代襲者がおらず、かつAの直系尊属もいない場合に相続人となる（民法887条、889条、890条）。そして、配偶者および子の法定相続分（各2分の1）に従うと、BとCには300万円ずつ分配されることとなる（同法900条1号）。

2) 適切である。根抵当権の債務者が死亡した場合、根抵当権の元本は、原則として確定するが、根抵当権者と根抵当権設定者（本肢では、P土地を相

続した相続人）との合意により定めた相続人（指定相続人）が相続開始後に負担する債務を担保させることができる（民法398条の8第2項）。ただし、相続開始後6カ月以内に指定相続人の合意の登記をしなかった場合は、相続開始時に担保すべき元本が確定したものとみなされる（同条4項）。

3）不適切である。遺言は、法律で厳しく要件が定められている要式行為であり、原則として、自筆証書遺言（民法968条）、公正証書遺言（同法969条）および秘密証書遺言（同法970条）に限られる（同法967条）。自筆証書遺言は、その全文、日付および氏名を自書し、これに押印しなければならないので要件を満たさず、また、公証人に口授し、公証人によって筆記されたものではないので公正証書遺言にも該当せず、さらに、Aや公証人等の押印がないばかりか封印もされていないため、秘密証書遺言にも該当しない。したがって、遺言としては無効であるので、Fから預金全額の払戻請求があっても、これに応じてはならない。なお、自筆証書遺言に添付する財産目録については、各頁に遺言者が署名押印を行うことにより、パソコンなどを利用して自書によらず作成することができる（同法968条2項）。

4）不適切である。遺留分侵害額請求権は、遺留分権利者（子H）が相手方（子G）に対して遺留分に関する権利を行使する旨の意思表示をしなければ、遺留分侵害額に相当する金銭債権は発生しない（民法1046条1項）。そして、2019年7月1日以後に開始された相続においては遺留分侵害額請求権が行使されても、それは単なる金銭債務にとどまり、Aの相続預金に対して物権的な効力を有するものではないため、遺贈が失効することはないこととされている。そのため、遺留分侵害額請求権の行使の有無にかかわらず、Aの遺言の効力により、Aの相続預金については、Gが全額預金債権を有することとなるため、X銀行はGに対し、預金全額の払戻しに応じなければならない。

正解　2）

4－14　限定承認

《問》X銀行は、個人事業主Aとの間で、知人Eの連帯保証を受けて貸出
取引を行っていた。Aが死亡し、相続人は妻B、長男C、次男Dの
3人である。相続人らが限定承認をする場合について、次のうち最
も不適切なものはどれか。

1）限定承認は、相続放棄者がいない場合、相続人B、C、D全員一致
で行わなければならない。

2）限定承認により、相続人が相続した債務に係る責任は、相続財産の
範囲に限定される。

3）相続人が限定承認をした場合でも、X銀行は、Aが有していた預金
との相殺によって、Aに対する貸出金の回収をすることができる。

4）X銀行は、限定承認によって相続人が弁済する責任を負わない債務
については、Eに対して保証債務の履行を請求できない。

・解説と解答・

1）適切である。相続を放棄した者は初めから相続人とならなかったものとみ
なすため（民法939条）、この者を除いた相続人全員が共同して限定承認す
る旨を家庭裁判所に申述しなければならない（同法923条、924条）。

2）適切である。限定承認をした場合は、相続財産全部を換金処分して債権者
に配当すれば、債務が残ったとしても相続人は債務の弁済責任を免れるこ
とになる（民法922条）。

3）適切である。Aの相続人が限定承認をしても、X銀行のAに対する貸出金
債権は限定承認の申述前に取得されていることから、債権者の相殺に係る
合理的利益は保護されている（東京地判平9.7.25判例時報1635号119頁）。

4）不適切である。限定承認した相続人は、相続財産の限度でのみ、その債務
の責任を負えば足り、残債務を固有財産で弁済する必要はないが、相続債
務を相続財産の限度で承継するのではなく、債務としてはその全額を承継
すると解されており（大判昭7.6.2民集11巻1099頁）、相続人が限定承認し
ても被相続人の債務が消滅するものではない。このため、限定承認は、保
証債務に何ら影響を及ぼすものではない。したがって、保証人は残額の保
証債務を履行しなければならないが、保証人は残額の保証債務を履行して
も、限定承認者に対する求償はできないものと解されている。　<u>正解　4）</u>

4 −15 債務引受

《問》債務引受契約について、次のうち最も不適切なものはどれか。
1 ）免責的債務引受契約によって、引受人は債務者に代わって債務を引き受け、債務者は自己の債務を免れることができる。
2 ）免責的債務引受契約によって、その債務に付随する担保物権や保証債務は、原則として、担保提供者や保証人の承諾がないと消滅する。
3 ）併存的債務引受契約によって、引受人は、債務者が債権者に対して負担する債務と同一内容の債務を負担する。
4 ）併存的債務引受契約によって、その債務に付随する担保物権や保証債務は、担保提供者や保証人の承諾がないと消滅する。

・解説と解答・

1 ）適切である。免責的債務引受では、債務者に代わって引受人が債務を引き受け、債務者（旧債務者）は免責され（民法472条1項）、以降、引受人（新債務者）が債務を負担する。

2 ）適切である。免責的債務引受は、債務者の交替であるから、債務者の弁済能力に変動を生じ、その結果債権の実質的価値が変わるので、旧債務に付随する担保物権や保証債務は、担保提供者や（引受人以外の者に限る）保証人の承諾（保証については書面または電磁的記録による承諾）がないと消滅する（民法472条の4第1項、3項～5項）。

3 ）適切である。併存的債務引受によって、引受人は従来の債務関係に加入して新たな債務者となり、原債務者と引受人の間には連帯債務関係が生じる（民法470条1項）。

4 ）不適切である。併存的債務引受によっても、債務者の債務はそのまま残り、担保提供者や保証人に対して不利益を及ぼすような債務者の資力の変動は生じない。このため、併存的債務引受の場合は、免責的債務引受のような、当該債務に係る担保・保証の消滅という問題は生じない。

正解 4 ）

4－16 消滅時効期間

《問》X銀行の取引先A社に対する貸出金等の時効について、次の㋐〜㋒のうち適切なものはいくつあるか。

㋐X銀行のA社に対する貸出金債権は、貸出実行日の翌日から10年で消滅時効にかかる。

㋑X銀行が、割引依頼人であるA社に対して有する割引手形の買戻請求権は、原則として、請求権発生の翌日から5年で消滅時効にかかる。

㋒貸出金が分割弁済の約定になっている場合、各割賦金債務の消滅時効は、それぞれの弁済期日の翌日から起算する。

1) 0 (なし)　　2) 1つ　　3) 2つ　　4) 3つ

・解説と解答・

㋐ 不適切である。債権の消滅時効期間は、「権利を行使することができる時（客観的起算点）から10年」または「債権者（X銀行）が権利を行使することができることを知った時（主観的起算点）から5年」である（民法166条1項）。貸出金債権のように確定期限のある債権の主観的起算点は、通常、期限の到来時となり、客観的起算点と一致するので、貸出実行日ではなく弁済約定日（もしくは期限の利益喪失の日）の翌日が消滅時効の起算点となり、そこから5年で消滅時効にかかる。

㋑ 適切である。「権利を行使することができる時」は、本来の債務の履行を請求しうる時と解されているので、割引手形の買戻請求権の主観的起算点は、銀行取引約定書に基づき買戻請求をすることができることを知った時になる。買戻請求権発生の態様によっては、請求権発生日と主観的起算点との間にタイムラグが生じることがあるが、実務上は、当該買戻請求権の消滅時効期間は、請求権発生の翌日から5年とするのが一般的である。

㋒ 適切である。貸出金債権の消滅時効は、弁済期日の翌日から起算するが、分割弁済の場合は、各割賦金債務の消滅時効はそれぞれの弁済期日の翌日から起算する。なお、期限の利益喪失約款に基づき、債務者が期限の利益を喪失した場合は、その時点の残債務全体について、その期限の利益喪失日の翌日から消滅時効期間を起算することとなる。

<u>正解　3)</u>

4－17　消滅時効の更新事由

《問》貸出金債権の消滅時効が更新される場合として、次のうち最も不適切なものはどれか。
1）債権者たる銀行が、主債務者に対して裁判上の請求を行い、確定判決により権利が確定した場合
2）債権者たる銀行が、主債務者の破産手続に参加し、権利の確定に至り手続が終了した場合
3）債権者たる銀行が、担保権実行としての競売の申立てを行ったが、後日、当該申立てを取り下げた場合
4）債権者たる銀行が、主債務者から、貸出金債権の一部について弁済を受けた場合

● 解説と解答 ●

　一定の事由の発生によって、本来の時効の完成時期を過ぎても所定の時期を経過するまでは時効が完成しなくなることを「時効の完成猶予」、一定の事由の発生によって、それまでの時効の進行が止まり、新たにゼロから進行が開始することを「時効の更新」という。
1）適切である。裁判上の請求がなされれば、その手続の終了までは時効の完成が猶予され、その裁判手続において、確定判決または確定判決と同一の効力を有するものによって権利が確定したときは、その手続の終了の時において時効が更新される（民法147条1項1号、2項）。
2）適切である。主債務者の破産手続への参加により時効の完成は猶予され、権利の確定に至り手続が終了したときに時効が更新される（民法147条1項4号、2項）。
3）不適切である。担保権実行としての競売の申立ては、時効の完成猶予事由に該当し、その事由の終了の時において時効は更新される（民法148条1項2号、2項）。ただし、これを取り下げたときは、その取下げの時から6カ月を経過するまで、引き続き時効の完成が猶予されるが、その6カ月経過後も更新の効力は生じない（同条1項括弧書、2項但書）。
4）適切である。債務者が貸出金の一部を弁済する行為は権利の承認に該当し、時効は更新される（民法152条）。

正解　3）

4-18 相殺の要件・手続

《問》X銀行はAに対して1,000万円の貸出金債権があり、AはX銀行に500万円の預金債権を有している場合における貸出金と預金との相殺について、次のうち最も適切なものはどれか。

1) 貸出金債権と預金債権がともに相殺適状にある場合、X銀行からAに対する一方的意思表示で、相殺の効力が生じる。

2) 相殺がなされた場合、それによる債権の消滅の効力は、相殺の意思表示が相手方に到達した時に生じることとなる。

3) 貸出金が時効によって消滅した場合、その消滅前に預金との間で相殺適状にあったとしても、X銀行は貸出金を自働債権として相殺することはできない。

4) Aの債権者の申立てにより、X銀行にあるAの預金に対して差押えがされた場合、貸出金債権をその差押えより前に取得しており、相殺適状にあっても、X銀行は相殺をもって当該差押えに対抗することはできない。

・解説と解答・

1) 適切である。相殺は、双方の債権が同種の目的を有する債権でともに弁済期が到来しているときは（民法505条1項）、当事者の一方から相手方に対する意思表示によって行う（同法506条1項前段）。

2) 不適切である。相殺は、相殺の意思表示が相手方に到達することによって、双方の債権が互いに相殺に適するようになった時に遡ってその効力を生ずる（民法506条2項）。実務上、自働債権（貸付金）と受働債権（預金）の利息・割引料・損害金等の計算期間は、相殺の計算実行日までとしているが（銀行取引約定書7条3項）相殺によって双方の債権が消滅するのはあくまでも相殺適状時である。

3) 不適切である。自働債権が時効によって消滅した後であっても、その消滅以前に相殺に適するようになっていた場合には、その債権者は、相殺をすることができる（民法508条）。この場合、消滅時効が援用された自働債権がその消滅時効期間経過以前に受働債権と相殺適状にあったことを要すると解されている（最判平成25.2.28民集67巻343頁）。

4) 不適切である。差押え後に取得した債権を自働債権とする相殺は禁止され

ているが、そうでない限り、自働債権・受働債権の弁済期の前後を問わず、相殺適状に達しさえすれば、差押え後においても既発生の貸出金債権を自働債権として相殺することができる（民法511条1項）。また、差押え後に取得した債権が、差押え前の原因に基づいて生じたものであるときは、その債権を自働債権として相殺することができる。ただし、差押え後に他人の債権を取得したときは、この限りではない（同条2項）。

<u>正解　1）</u>

4－19　第三者弁済

《問》債務者以外の第三者による弁済について、次のうち最も適切なもの
　　　はどれか。

1）後順位抵当権者が弁済すれば、当然に債権者に代位することとな
　　る。
2）根抵当権の元本確定前であっても、弁済をするについて正当な利益
　　を有する者は弁済することにより根抵当権を行使することができ
　　る。
3）債務者の親族は、債務者の意思に反してでも債務を弁済することが
　　できる。
4）弁済者が弁済をするについて正当な利益を有するか否かにかかわら
　　ず、代位者への債権移転に係る対抗要件は不要である。

・解説と解答・

1）適切である。後順位抵当権者は、連帯保証人・連帯債務者などと同様に
「弁済をするについて正当な利益を有する者」に該当することから、弁済
によって当然に債権者に代位する（民法474条1項、2項、499条）。

2）不適切である。根抵当権の元本の確定前に弁済をした第三者は、その債権
について根抵当権を行使できない（民法398条の7第1項）。根抵当権につ
いて、第三者は元本確定後に弁済しなければ代位することができない。

3）不適切である。債務者の親族は、「弁済をするについて正当な利益を有す
る者」ではないので、債務者の意思に反して債務を弁済することはできな
い。ただし、債務者の意思に反することを債権者が知らなかったときは、
この限りではなく（民法474条2項）、弁済により当然に、債権者に代位す
ることができる（同法499条）が、債権譲渡の対抗要件（同法467条）を満
たさなければ、代位したことを債務者、第三者に対抗できない（同法500
条）。

4）不適切である。弁済者が弁済をするについて正当な利益を有しない第三者
による弁済では、代位者への債権移転について、債務者その他の第三者に
対抗するには対抗要件（特に第三者に対しては、債権者から債務者への確
定日付のある証書による通知または債務者の承諾）が必要になる（民法
467条、500条）。

<u>正解　1）</u>

4 −20　物上保証人からの債権回収と求償権

> 《問》X銀行は、取引先A社に対する貸出金債権を担保するため、A社の
> 代表者Bの知人Cが所有する不動産に根抵当権の設定を受けた。そ
> の後、X銀行は、A社が貸出金債権を弁済することができなくなっ
> たので、C所有の不動産について根抵当権を実行して、貸出金債権
> の回収を行った。この場合について、次のうち最も適切なものはど
> れか。
> 1 ）Cは、当該根抵当権に基づく競売が実行され、当該貸出金債権が消
> 　　滅すれば、A社に対して求償権を行使することができる。
> 2 ）Cは、当該貸出金債権の弁済期が到来していれば、A社に対して、
> 　　抵当権の実行前にあらかじめ求償権を行使することができる。
> 3 ）Cは、X銀行の承諾を得なければ、X銀行に代位することはできな
> 　　い。
> 4 ）Cは、A社に対して求償権を行使する場合、あらかじめ確定日付の
> 　　ある証書によって通知しなければならない。

・解説と解答・

1 ）適切である。民法372条によって、同法351条が準用されるので、根抵当権
　の実行によって抵当不動産の所有権を失ったときは、物上保証人は、債務
　者に対して、求償権を取得する。
2 ）不適切である。民法460条に掲げられた一定の事由があるときは、委託を
　受けた保証人は事前求償権を行使できるが、委託を受け債務を担保するた
　めに自己の不動産に抵当権を設定した物上保証人は、抵当不動産の価額の
　限度で責任を負担するものにすぎず、抵当不動産の売却代金による被担保
　債権の消滅の有無およびその範囲は、抵当不動産の売却代金の配当等によ
　り確定するものであるから、求償権の範囲はもちろんその存在すらあらか
　じめ確定することはできず、また、抵当不動産の売却代金の配当等による
　被担保債権の消滅または受託者のする被担保債権の弁済をもって委任事務
　の処理と解することもできないため、同条を適用することはできず、被担
　保債務の弁済期が到来しても債務者に対し事前求償権を行使することはで
　きない（最判平2.12.18民集44巻9号1686頁・金法1277号28頁）。
3 ）不適切である。現行民法は、弁済をするについて正当な利益を有するか否

かにかかわらず、債務者のために弁済した者は債権者に代位することとされているので、物上保証人が設定した根抵当権が実行された場合、物上保証人は、当然に債権者に代位する（同法474条1項、499条）。

4）不適切である。弁済をするについて正当な利益を有しない第三者が代位権を行使するためには、あらかじめ確定日付のある証書による通知または承諾が必要であるが（同法500条、467条）、弁済をするについて正当な利益を有する者に該当する物上保証人が代位権を行使する場合には、そのような制限を受けない。

<u>正解　1）</u>

4－21　期限の利益の喪失

《問》銀行取引における期限の利益の喪失について、次のうち最も適切な
　　ものはどれか。
1）銀行から融資先に対する期限の利益の喪失通知の効力は、銀行がこ
　　れを発信した時に生じる。
2）融資先が担保を滅失させ、損傷させ、または減少させた場合は、当
　　該融資先は、銀行の請求により期限の利益を喪失する。
3）融資先が破産手続開始の申立てを行った場合、銀行の請求によって
　　期限の利益を喪失させることができる。
4）融資先またはその保証人が暴力団員、暴力団準構成員、暴力団関係
　　企業等であることが判明した場合、銀行からの請求を待たずに、当
　　然にいっさいの債務について期限の利益を喪失する。

・解説と解答・

1）不適切である。民法97条の意思表示の効力発生時期の規定に従い、銀行か
　らの通知が融資先に到達した時に、通知の効力が発生する。なお、通知が
　到達しなかったときは、通常到達すべき時に到達したものとみなされる
　（銀行取引約定書旧ひな型11条2項）。
2）適切である。民法137条2号が規定する期限の利益の喪失事由である。た
　だし、同条は「債務者は、期限の利益を主張することができない」と規定
　しており、当然喪失事由ではなく、請求喪失事由であると解されている。
　もっとも、担保の滅失・損傷・減少等は取引約定（例：根抵当権設定契約
　証書ひな型4条1項）に違反する行為であるため、実務上は銀行取引約定
　書5条2項3号（取引約定違反）および5号（債権保全を必要とする相当
　の事由発生）に基づき請求喪失させている。
3）不適切である。銀行取引約定書旧ひな型では、取引先の破産手続開始の申
　立ては期限の利益の当然喪失事由としており、請求喪失事由ではない（同
　約定書旧ひな型5条1項1号）。
4）不適切である。全国銀行協会の「銀行取引約定書に盛り込む暴力団排除条
　項の参考例」では、取引先またはその保証人が、暴力団、暴力団員、暴力
　団員でなくなった時から5年を経過しない者、暴力団準構成員、暴力団関
　係企業、総会屋等、社会運動等標ぼうゴロまたは特殊知能暴力集団等、そ

の他これらに準ずる者であることが判明した場合は、期限の利益の請求喪
失事由になる旨が定められている。

<u>正解　2）</u>

4－22　抵当権の実行

《問》X銀行はA社に対し、A社工場の土地および建物に対して抵当権の設定を受けて融資を行ったが、現在、1億円の融資残高があり、既に弁済期限が到来している。X銀行が、抵当権の実行としての担保不動産競売の申立てを行う場合について、次のうち最も不適切なものはどれか。

1) X銀行は、裁判所に抵当権の登記に関する登記事項証明書を提出しなければならない。
2) X銀行の担当者が、執行裁判所の許可を受けて、競売の申立てを行うことができる。
3) X銀行は、土地と建物について、常に、別々に担保不動産競売の申立てをしなければならない。
4) X銀行は、担保不動産競売の申立てを行うに際しては、担保不動産の第三取得者の有無など、現状を事前に確認するべきである。

・解説と解答・

1) 適切である。抵当権実行の開始にあたっては、担保権の存在を証明する文書を執行裁判所に提出する必要があり、定められている文書はいくつかあるが、抵当権の登記に関する登記事項証明書が通例である（民事執行法181条1項3号）。

2) 適切である。民事執行手続においては、民事訴訟法54条1項により当然に代理人となれる者（弁護士）以外の者であっても、訴えまたは執行抗告に係る手続を除き、執行裁判所の許可を受けて代理人となることができるとされている（民事執行法13条1項）。競売の申立は訴えや執行広告に係る手続には該当しないので、担当者が行う事もできる。

3) 不適切である。土地も建物もそれぞれ独立した不動産であり、競売の申立ては不動産ごとに行うのが原則であるが、執行裁判所は、相互の利用上不動産を他の不動産と一括して同一の買受人に買い受けさせることが相当であると認めるとき（ただし、一部の不動産のみの買受可能価額で被担保債権と執行費用の全部をカバーしている場合は、所有者の用意がある時に限る）は、これらの不動産を一括して売却することを定めることができるとされている（民事執行法188条、61条）。土地と建物のように、一括利用し

128

て初めて価値のある物件については、一部だけ競落されると残存物件の換価が不利になるので、実務においては、一体として競売の申立てをするのが通例である。

4）適切である。競売手続の円滑な実施のために権利関係の確認は不可欠である。また、競売開始に先立って、担保不動産競売の開始決定前の保全処分等（民事執行法187条）の申立ての必要性も検討しなければならない。

<u>正解　3）</u>

4－23　仮差押え

《問》X銀行はA社に対して5,000万円の無担保融資をしているが、A社から返済がないため、貸金返還請求の訴えの提起を考えている。確定判決が出るまでの間、A社がその唯一の財産である不動産を処分することも想定されたため、当該不動産に対して仮差押えの申立てを行った場合について、次のうち最も不適切なものはどれか。

1) X銀行が仮差押命令を得るには、A社に対して強制執行をすることができなくなるおそれ、または強制執行をするのに著しい困難を生ずるおそれがあることを疎明しなければならない。

2) X銀行は、仮差押えの申立てにあたって、目的となる不動産を特定しておかなければならない。

3) A社の不動産に対する仮差押えの執行は、一般に、仮差押えの登記をする方法により行う。

4) A社に対する貸金返還請求訴訟において、X銀行が勝訴の確定判決を取得した場合、仮差押えがなされた不動産は、強制競売開始の申立てがなくとも、差し押さえた不動産の換価、換価によって得た金銭による債権の満足の段階に移行する。

・解説と解答・

1) 適切である。仮差押命令は、金銭債権について、強制執行をすることができなくなるおそれがあるとき、または強制執行をするのに著しい困難を生ずるおそれがあるときに発せられる（民事保全法20条1項）。なお、仮差押命令の申立人は、保全すべき権利等および保全の必要性を疎明しなければならないこととされている（同法13条2項）。

2) 適切である。仮差押命令は、動産を除いて、特定の物について発しなければならない（民事保全法21条）。

3) 適切である。不動産に対する仮差押えの執行は、仮差押えの登記をする方法または強制管理の方法（両者の併用も可）により行うことができるが（民事保全法47条1項）、銀行実務上はほとんどが仮差押えの登記をする方法がとられている。

4) 不適切である。確定判決を取得したうえで、強制競売開始の申立てをし、改めてその不動産の差押えを行い（民事執行法45条1項）、換価、満足の段階に移行する。

正解　4)

4-24 破産手続

《問》X銀行の融資取引先であるA社が破産手続開始の申立てをした場合について、次のうち最も不適切なものはどれか。

1）破産手続開始の申立ては、A社自身だけでなく、A社の債権者も行うことができる。

2）裁判所から弁済禁止の保全処分命令が出された場合、その後に弁済を受けても、命令違反の制裁はあるが、その弁済は有効である。

3）X銀行がA社の破産手続に参加するには、原則として裁判所の定めた期間内に破産債権の届出をしなければならない。

4）担保権は、別除権として扱われ、破産手続によらないで実行することができる。

解説と解答

1）適切である。破産手続開始の申立ては、債務者自身はもちろん、債務者に準ずるもの（取締役、相続人、遺言執行者等）や債権者も行うことができる（破産法18条1項、19条1項、2項、224条1項等）。このうち、債務者自身によるものを自己破産、債務者に準ずる者によるものを準自己破産という。

2）不適切である。保全処分命令が出された後に弁済を受けても、弁済を受けた債権者がこれを知っていたときには、その弁済は破産手続との関係では弁済の効力を主張できず、弁済による利得を破産財団に返還しなければならない（破産法28条6項）。

3）適切である。破産手続に参加するためには、原則として裁判所が定めた期間内に破産債権の届出をしなければならないが（破産法111条1項）、破産債権者への配当が見込めない場合は債権届出期間が定められないこともある。この場合は、破産債権者が破産手続継続中の任意の時点で破産債権の届出をすることによって、破産手続に参加することができる。

4）適切である。破産財団に属する財産に対して担保権を有する者は、破産法上、別除権者として、破産手続外でその権利を行使することができる（同法2条9項、10項、65条1項）。

正解　2）

4－25　破産手続における債権回収

《問》X銀行の融資取引先であるA社が破産手続開始の申立てをした場合におけるX銀行の債権回収について、次のうち最も不適切なものはどれか。
1）X銀行が、破産手続開始決定前の保全処分に反してA社から弁済等を受けた場合、X銀行はその効力を主張できないことがある。
2）X銀行は、破産手続開始の時に存在するA社の預金債権を受働債権として、破産手続によらないで相殺することはできない。
3）X銀行が、A社所有の不動産に抵当権の設定を受けている場合は、破産手続によらないで抵当権を行使することができる。
4）A社が破産手続開始決定を受けた後、X銀行は、原則として破産手続によらなければ、A社に対する債権を行使することはできない。

・解説と解答・

1）適切である。裁判所が、破産手続開始決定までの間、債務者が債権者に対して弁済その他の債務を消滅させる行為をすることを禁止する旨の保全処分を命じた場合には、債権者は、当該保全処分がされたことを知っていたときは、破産手続の関係において、当該保全処分に反してされた弁済その他の債務を消滅させる行為の効力を主張することができない（破産法28条1項、6項）。
2）不適切である。破産債権者は、破産手続開始の時において破産者に対して債務を負担するときは、原則として破産手続によらないで、相殺をすることができる（破産法67条1項）。ただし、破産債権者が破産者に支払の停止等、一定の事由が生じていることを知りながら負担した債務については、相殺が禁止される（同法71条1項）。
3）適切である。破産手続開始の時において、別除権者（破産財団に属する財産につき特別の先取特権、質権または抵当権を有する者（破産法2条9項、10項））は、破産手続によらないで、その権利を行使することができる（同法65条1項）。ただし、破産管財人は、対抗要件なくして物権変動を対抗できない第三者に当たるというのが通説・判例（大判昭8.7.22新聞3591号14頁）なので、別除権を行使するためには、第三者対抗要件（登記等）が具備されていることを要する。

4）適切である。2）、3）の解説参照。破産債権は、破産法に特別の定めが
　ある場合を除き、破産手続によらなければ行使することができない（同法
　100条1項)。

正解　2）

4－26　民事再生手続

《問》X銀行の融資取引先であるA社が民事再生手続開始の申立てを行った場合について、次のうち最も不適切なものはどれか。

1）保全処分の命令が出されている場合、X銀行がこれを知ったうえでA社からの弁済を受領したときは、再生手続との関係では当該弁済は効力を有しない。

2）管理命令が発せられた場合には、A社の業務の遂行ならびに財産の管理および処分をする権利は、裁判所が選任した管財人に専属する。

3）確定した再生債権は再生債権者表に記載され、この再生債権者表の記載は、再生債権者の全員に対して確定判決と同一の効力を有する。

4）X銀行の担保権付債権は、個別的権利行使が禁じられ、再生計画において再生債権よりも優先的に扱われる。

・解説と解答・

1）適切である。再生債権者（X銀行）が、A社に対して保全処分が命じられたことを知っていたときは、再生手続の関係においては、当該保全処分に反してされた弁済その他の債務を消滅させる行為の効力を主張することができない（民事再生法30条6項）。

2）適切である。裁判所は、法人である再生債務者の財産の管理または処分が失当であるとき、その他再生債務者の事業の再生のために特に必要があると認めるときは、再生債務者の業務および財産に関し、管財人による管理を命ずる処分（管理命令）を発することができる（民事再生法64条1項）。管理命令の発令により、再生債務者の業務遂行件・財産管理処分権は、裁判所が選任した管財人に属する（同法66条）。

3）適切である。再生債権の調査の結果、再生債務者（管理命令が発令されているときは管財人）が認め、かつ、調査期間内に届出再生債権者の異議がなかった場合、再生債権の内容または議決権の額が確定し（民事再生法104条1項）、この結果は再生債権者表に記載される（同条2項）。この再生債権者表の記載は、再生債権者の全員に対して確定判決と同一の効力を有する（同条3項）。

4）不適切である。会社更生手続においては、更生担保権者の個別的権利行使
　が禁じられる一方、更生担保権は更生計画において更生債権よりも優先的
　に扱われるが（会社更生法50条1項、168条3項）、民事再生法にはそのよ
　うな規定はない。再生手続開始の時において再生債務者の財産につき存す
　る担保権を有する者は、その目的である財産について、別除権を有し、別
　除権は、再生手続によらないで、行使することができる（民事再生法53条
　1項、2項）。

正解　4）

4-27 会社更生手続

《問》X銀行の融資取引先であるA社が会社更生手続開始の申立てをした場合について、次のうち最も不適切なものはどれか。

1) 会社更生手続開始決定前にA社の業務および財産に関する保全処分が命じられた場合、X銀行がこれを知ったうえでA社からの弁済を受領したときは、更生手続との関係では当該弁済は効力を有しない。

2) 保全管理人が選任された場合であっても、A社はその事業の経営、財産の管理および処分をする権利を失うことはない。

3) X銀行は、A社に対する貸出金債権とA社のX銀行に対する預金債権について、債権届出期間の満了前に相殺に適するようになったときは、原則として、相殺することができる。

4) X銀行がA社の更生手続に参加しようとする場合は、A社に対する貸出金債権の内容、原因等について、債権届出期間内に裁判所に届け出なければならない。

・解説と解答・

1) 適切である。裁判所は、会社更生手続開始の申立後、開始決定までの間、債権者の財産の隠匿・散逸を防止するため、利害関係人の申立または職権により保全処分を命じることができ、更生債権者（X銀行）が、A社に対して保全処分が命じられたことを知っていたときは、更生手続の関係においては、当該保全処分に反してなされた弁済等の効力を主張することができない（会社更生法28条6項）。

2) 不適切である。保全管理人が選任された場合には、原則として、A社の事業の経営、財産の管理および処分をする権利は保全管理人に専属する（会社更生法32条）。

3) 適切である。更生債権者等が更生手続開始当時更生会社に対して債務を負担する場合、債権届出期間満了前に相殺適状となったときは、更生債権者等は、当該債権届出期間内に限り、相殺をすることができる（会社更生法48条1項）ただし、その債務が更生会社に支払の停止等、一定の事由が生じていることを更生債権者が知りながら負担したものである場合は相殺が禁止される（同法49条1項）。

4）適切である。更生債権等（更生債権、更生担保権等）を有する更生債権者
　等は、債権届出期間内に更生債権等を裁判所に届け出なければ更生手続に
　参加できず、原則として更生計画認可決定により失権してしまうので（会
　社更生法138条1項、204条1項）、債権届出期間内に裁判所に届け出なけ
　ればならない。

正解　2）

第5章

融資Ⅱ（担保、保証等）

5－1　担保の法的性質・効力

> 《問》X銀行Y支店は個人顧客Aに対する5,000万円の融資（以下、「甲債権」あるいは「甲債務」という）の担保として、A所有の賃貸マンションの土地および建物に抵当権（普通抵当権）を有している。この抵当権の法的性質・効力として、次のうち最も不適切なものはどれか。
>
> 1）Aが甲債務を全額弁済すれば、この抵当権は消滅する。
> 2）X銀行が甲債権をZ債権回収株式会社に債権譲渡した場合、Aに対する抵当権は債権の移転に伴ってZ債権回収株式会社に移転する。
> 3）Aが甲債務の一部を弁済しても、X銀行の抵当権の効力は、そのA所有のマンション全体に及んでいる。
> 4）A所有の賃貸マンションはX銀行の抵当権の目的物であるが、X銀行は、Aのマンション賃借人に対する賃料債権に対しては、抵当権の効力を及ぼすことができない。

・解説と解答・

1）適切である。この抵当権の被担保債権は甲債権であり、抵当権には付従性（被担保債権の存在を前提としてのみ、担保物権が存在しうるという担保物権に共通の性質）があり、被担保債権が弁済等により消滅した場合には抵当権も消滅することから、Aが甲債務を全額弁済すれば、この抵当権は消滅する。

2）適切である。抵当権には随伴性（被担保債権が第三者に移転した場合に、これに伴って担保権も当該第三者に移転するという担保物権に共通の性質）があり、被担保債権が移転すると抵当権もこれに伴って移転する。

3）適切である。抵当権には不可分性（担保権は被担保債権が存在する限り、担保目的物全体について不可分のものとして存続するという担保物権に共通の性質）があり、被担保債権の全部の弁済がなされるまでは担保目的物の全部に抵当権の効力が及んでいる（民法296条、372条）。

4）不適切である。抵当権には物上代位性（担保目的物の売却・賃貸・滅失・毀損によって、その物の所有者が金銭その他の物を受け取る請求権（代金請求権、賃料請求権、保険金請求権等）のうえに担保権が及ぶという担保物権に共通の性質）があり、担保目的物である賃貸マンションの賃料に対

して抵当権を及ぼすことができる（民法372条、304条 1 項本文、 2 項）。ただし、この物上代位権を行使するためには、賃料が支払われる前に賃料債権に対して差押えをする必要がある（同法304条 1 項但書）。

<u>正解　4 ）</u>

5－2　抵当権

> 《問》X銀行Y支店が、個人顧客Aの所有している甲土地およびその上に建築された乙ビルに抵当権（普通抵当権）の設定を受けて、Aに対して事業資金の貸出をしている場合について、次のうち最も不適切なものはどれか。
>
> 1）抵当権設定契約は、X銀行とAとの合意のみで効力が発生する。
> 2）甲土地に設定された抵当権が有効であれば、乙ビルに設定された抵当権が無効であっても、乙ビルに対して甲土地の抵当権の効力が及ぶ。
> 3）AがZリース株式会社に対しても甲土地および乙ビルに抵当権を設定した場合、X銀行とZリース株式会社の各抵当権の優劣は登記の前後による。
> 4）抵当権者であるX銀行がその抵当権によって優先弁済を主張できる利息・損害金の範囲は、最後の2年分に限られている。

・解説と解答・

1）適切である。抵当権設定契約は、債権者である抵当権者と抵当権設定者（債務者あるいは第三者）との合意のみによって成立する諾成契約である（物権変動の意思主義、民法176条）。

2）不適切である。建物は土地と別個の不動産とされるため（民法86条1項、不動産登記法2条1号）、抵当権の効力は付加一体物に及ぶとされているが、抵当地上の建物には、抵当地に設定された抵当権の効力は及ばない（民法370条）。

3）適切である。抵当権も物権であり、第三者に対抗するためには対抗要件の具備、すなわち登記を要する（民法177条）。したがって、X銀行とZリース株式会社の各抵当権の優劣は、抵当権設定登記の前後による（同法373条）。

4）適切である。抵当権設定後にも目的物の余剰価値が利用できるように、抵当権者が利息・損害金について優先弁済の主張ができる範囲が最後の2年分に限られている（民法375条）。

正解　2）

5－3　抵当権の対抗関係

《問》X銀行がAに対する貸出金債権を被担保債権としてAが所有する甲
　　　土地に抵当権を設定する際に、甲土地上に乙建物が存在する場合、
　　　設定された抵当権の効力として、次のうち最も不適切なものはどれ
　　　か。
　1）X銀行が甲土地に抵当権設定登記を受ける前に、既に第三者BがA
　　　から賃借した甲土地の上に登記済みの乙建物を所有していた場合、
　　　Bの当該借地権が登記を備えていなかったとしても、X銀行は、土
　　　地賃借人たるBに抵当権を対抗できない。
　2）X銀行が乙建物に抵当権設定登記を受ける前に、既に第三者Bが乙
　　　建物を所有者Aから賃借し、引渡しを受けていた場合、当該建物賃
　　　借権が登記を備えていなければ、X銀行は、建物賃借人たるBに抵
　　　当権を対抗できる。
　3）X銀行が乙建物に抵当権設定登記を受け、その登記後に、所有者A
　　　が乙建物を第三者Bに賃貸し、当該賃貸借について登記をした場
　　　合、当該賃貸借の登記前にX銀行の抵当権設定登記しかなければ、
　　　X銀行がその賃貸借の登記について同意をし、かつ同意の登記があ
　　　れば、賃借人Bは、X銀行に対して賃貸借を対抗できる。
　4）所有者Aが、X銀行の抵当権設定後に乙建物を第三者Bに賃貸し、
　　　Bが乙建物を使用していたが、抵当権者であるX銀行が甲土地およ
　　　び乙建物を競売にかけ、買受人Cが甲土地および乙建物を買い受け
　　　た場合、Bが乙建物を競売手続開始前から使用しているのであれ
　　　ば、Cの買受時から6カ月を経過するまでは、Bは、乙建物をCに
　　　引き渡す必要はない。

・解説と解答・

　1）適切である。抵当権と賃借権との優先劣後は、対抗要件具備の前後で決す
　　ることとされている。借地権は、その登記がなくても、土地の上に借地権
　　者が登記されている建物を所有するときは、これをもって第三者に対抗す
　　ることができるため（借地借家法10条1項）、抵当権設定登記と建物の所
　　有権登記の前後で決する。このため、X銀行はBに抵当権を対抗できな
　　い。

2）不適切である。建物の賃貸借は、その登記がなくても建物の引渡しがあったときは、その後その建物について物権を取得した者に対し、その効力を生ずる（借地借家法31条）。このため、Ｘ銀行はＢに抵当権を対抗できない。

3）適切である。登記をした賃貸借は、その登記前に登記をした抵当権を有するすべての者が同意をし、かつ、その同意の登記があるときは、その同意をした抵当権者に対抗することができる（民法387条1項）。このため、ＢはＸ銀行に対して賃借権を対抗できる。

4）適切である。抵当権者に対抗することができない賃貸借により抵当権の目的である建物の使用または収益をする者、例えば、競売手続の開始前から使用または収益をする者は、その建物の競売における買受人の買受けの時から6カ月を経過するまでは、その建物を買受人に引き渡すことを要しない（民法395条1項）。

正解　2）

5－4　法定地上権の成否

《問》X銀行はAに対する貸出金債権を担保するため、Aなどが所有する
土地と建物に抵当権の設定を受けることにし、X銀行が抵当権を実
行して、土地と建物の所有者が異なることとなった場合の法定地上
権の成否として、次のうち最も適切なものはどれか。
1 ）X銀行が、Aが所有する土地と建物について、第1順位の共同抵当
権の設定を受けた後、Aによって、当該建物が取り壊されて新建物
が建築され、当該新建物について、Y銀行が第1順位の抵当権の設
定を受けたときは、法定地上権は成立しない。
2 ）X銀行が、Aが所有する土地が更地のときに、当該土地についての
み第1順位の抵当権の設定を受けた後、Aによって当該土地上に建
物が建築され、Y銀行が当該建物について第1順位の抵当権の設定
を受けたときは、法定地上権が成立する。
3 ）X銀行が、Aが所有する土地および同土地上にあるAの妻Bが所有
する建物について、それぞれ第1順位の抵当権の設定を受ければ、
法定地上権が成立する。
4 ）X銀行が、Aが所有する土地についてのみ第1順位の抵当権の設定
を受けた後、同土地上にあるAの父Cが所有する建物について、A
が、Cの相続財産を単独で相続すれば、法定地上権が成立する。

・解説と解答・

　法定地上権とは、建物保護の観点から抵当権実行により土地と地上建物の所
有者が別々となった場合に、法律上当然に成立が認められる土地利用権である
（民法388条）。法定地上権は、建物所有者のために、土地所有者に土地利用権
の負担を法律上強制する制度であるため、法定地上権の成立は、土地の価額に
ついては減価要因、建物の価額については増価要因となる。なお、強制競売や
滞納処分においても、法定地上権が成立することがある（民事執行法81条、国
税徴収法127条）。
1 ）適切である。法定地上権が成立するためには、①抵当権設定時において、
　　土地上に建物があり②抵当権設定時において土地および建物が同一の所有
　　者に属し③土地または建物に抵当権が設定され④競売が実行されることに
　　より土地と建物の所有者が異なるに至ったことが必要である（民法388

条）。本肢の再建築の事案では、共同抵当権設定後に建物を取り壊して新たに建築した場合、新建物にY銀行が抵当権を設定したかどうかにかかわらず、X銀行が、新建物にも土地と同一順位で抵当権の設定を受ければ法定地上権が成立するが、そうでないときは法定地上権は成立しない（最判平9.2.14民集51巻2号375頁・金法1481号28頁）。

2）不適切である。1）の解説①参照。先順位となるX銀行の抵当権設定時において、土地が更地の場合は、法定地上権は成立しない（最判昭47.11.2金判343号6頁）。

3）不適切である。1）の解説②参照。抵当権設定時において、土地と建物の所有者が異なる場合には、法定地上権は成立しない（最判昭51.10.8金法807号25頁）。

4）不適切である。1）の解説②参照。抵当権設定時において、土地および建物の所有者が異なるときは、その後に所有者が同一となっても、法定地上権は成立しない（最判昭44.2.14民集23巻2号357頁・金法541号29頁）。

<u>正解　1）</u>

5 - 5　根抵当権の被担保債権の範囲（ I ）

《問》 X 銀行が債務者 A が所有する建物に根抵当権の設定を受けた場合について、次のうち最も不適切なものはどれか。

1 ） X 銀行は、根抵当権設定契約を締結する際に、被担保債権の範囲を限定する必要があり、「債務者との間で現在発生しているすべての債権または将来において生ずるいっさいの債権」と定めることはできない。

2 ） X 銀行は、元本確定前であれば、被担保債権の範囲を変更することができるが、後順位の根抵当権者がいる場合は、当該根抵当権者の承諾を要する。

3 ） X 銀行の根抵当権の極度額が6,000万円であり、 X 銀行の債務者 A に対する元本が4,000万円と確定したものの、根抵当権設定後の元本に対する利息・遅延損害金が年400万円、根抵当権実行により配当を受領するまでの 5 年間合計で2,000万円であった場合、 X 銀行は、後順位根抵当権者がいたとしても、利息・遅延損害金部分についても全額優先弁済を受けることができる。

4 ） X 銀行は、根抵当権設定契約を締結する際に、被担保債権の範囲を「銀行取引によるいっさいの債権、手形、小切手上の債権」と定めた。 A が X 銀行の第三者に対する融資について保証している場合、 X 銀行の A に対する保証債務履行請求権も当該根抵当権により担保される。

・解説と解答・

1 ）適切である。一定の範囲に属する不特定の債権を担保する根抵当権においては、その附従性の観点から設定契約で被担保債権の範囲を特定する必要があるが、取引から生じる債権でないものまでを含む包括根抵当は禁止されている（民法398条の 2 第 2 項）。

2 ）不適切である。根抵当権の債務者や被担保債権の範囲は、被担保債権を特定する要素であるため、被担保債権の範囲の変更をするには、元本確定前に変更登記をしなければならないが、変更については根抵当権設定者と合意すれば足り、先順位根抵当権者の極度額までの優先弁済を容認せざるを得ない立場に立つ後順位の抵当権者その他の第三者の承諾は不要である

（民法398条の 4 第 2 項）。

3 ）適切である。根抵当権においては、担保される利息・遅延損害金が制限される民法375条の適用はなく、元本確定後においても、極度額に至るまでは元本に加えて 2 年分を超える利息・遅延損害金についても、優先弁済を受けることができる（同法398条の 3 第 1 項）。

4 ）適切である。保証債務履行請求権は「信用金庫取引による債権」に含まれるとするのが、判例であり（最判平5.1.19民集47巻 1 号41頁・金法1344号14頁）、「銀行取引」についても同様に考えられるとされている。

正解　2 ）

5−6　根抵当権の被担保債権の範囲（Ⅱ）

《問》X銀行がA社の代表者Bが所有している不動産に、債務者をA社、極度額を3,000万円、被担保債権の範囲を「銀行取引によるいっさいの債権」とする、元本確定期日を定めない根抵当権の設定を受けた場合について、次のうち最も不適切なものはどれか。

1 ）X銀行が、A社との間で関連会社Cに対する貸出金債権の保証契約を締結した場合、X銀行のBに対する当該保証債権は「銀行取引によるいっさいの債権」に含まれ、当該根抵当権によって担保される。

2 ）X銀行は、当該根抵当権の元本確定前に被担保債権の範囲を変更する場合、A社の承諾を得なくてはならない。

3 ）X銀行は、当該根抵当権の元本確定の前後を問わず、利害関係を有する者の承諾を得れば、極度額の変更をすることができる。

4 ）当該根抵当権の元本を確定させたところ、A社のX銀行に対する債務が3,000万円を超えている場合であっても、Bは極度額3,000万円をX銀行に払い渡せば、当該根抵当権を消滅させることができる。

• 解説と解答 •

1 ）適切である。被担保債権の範囲を「信用金庫取引による債権」として設定された根抵当権により担保される債務には、根抵当権者である信用金庫と根抵当債務者との間の保証契約に基づく根抵当債務者の保証債務も含まれるとした判例がある（最判平5.1.19民集47巻1号41頁・金法1344号14頁）。

2 ）不適切である。根抵当権の元本確定前には、被担保債権の範囲について根抵当権者と根抵当権設定者との合意により変更することができ、この変更につき根抵当権設定契約の直接の当事者でなく変更によって直接の不利益を被る立場にない根抵当債務者の承諾を得る必要はない（民法398条の4第1項、2項）。

3 ）適切である。根抵当権の極度額の変更は、利害関係を有する者（増額の場合、後順位抵当権者、不動産の差押債権者等、減額の場合、転抵当権者、被担保債権の差押債権者・質権者等）の承諾を得れば、元本確定の前後を問わず可能である（民法398条の5）。

4 ）適切である。根抵当権の元本確定後において現に存する債務の額が極度額を超えるときは、物上保証人となっている根抵当権設定者や抵当不動産の

第三取得者等は、その極度額に相当する金額をX銀行に払い渡せば、根抵当権の消滅請求をすることができる（民法398条の22第1項）。なお、この消滅請求権は根抵当権の元本確定により認められる権利であり、普通抵当権には認められていない。

<u>正解　2）</u>

5－7　根抵当権の元本確定の効果

《問》X銀行はA所有の甲土地に極度額8,000万円、債務者をA、被担保
　　債権の範囲を「銀行取引」とする根抵当権の設定を受けているが、
　　X銀行とAとの合意で定めた元本確定期日が到来したため、この根
　　抵当権の元本が確定した。この場合について、次のうち最も不適切
　　なものはどれか。
1)　X銀行がAに対する新たな貸出金債権を取得しても、その債権はこ
　　の根抵当権の被担保債権に加わらない。
2)　利害関係人の承諾があっても、根抵当権の被担保債権の範囲の変更
　　はできない。
3)　利害関係人の承諾があっても、根抵当権の被担保債権の債務者の変
　　更はできない。
4)　利害関係人の承諾があっても、根抵当権の極度額の変更はできな
　　い。

・解説と解答・

　「根抵当権の元本確定」とは、確定期日の到来のほか、一定の事由の発生に
より、根抵当権の担保する元本がすべて特定し、以後、当該根抵当権の担保す
べき元本が生じないこととなった状態をいう。根抵当権の元本が確定すると、
確定時に存在する元本債権とそれから発生する利息・遅延損害金のみが極度額
を限度として担保されるため、確定前の根抵当権が有しなかった付従性・随伴
性等を有することとなり、当事者がなしうる変更・処分についても確定前とは
大きな違いが生じる。
1)　適切である。元本が確定することにより根抵当権で担保される債権（被担
　　保債権）が特定する。
2)　適切である。根抵当権の被担保債権を特定する要素たる被担保債権の範囲
　　の変更は、元本確定前でなければすることができない（民法398条の4第
　　1項）。
3)　適切である。根抵当権の被担保債権を特定する要素たる被担保債権の債務
　　者の変更は、元本確定前でなければすることができない（民法398条の4
　　第1項）。
4)　不適切である。元本確定の前後を問わず利害関係人の承諾が得られれば、
　　極度額の変更をすることができる（民法398条の5）。　　　　　　　　正解　4)

5-8　根抵当権の元本確定事由と元本確定の効果

《問》根抵当権について、次のうち最も適切なものはどれか。

1）元本確定期日の定めがない場合、根抵当権者は、根抵当権設定後3年経過したときは、根抵当権設定者に対して元本確定の請求をすることができ、当該請求の意思表示が根抵当権設定者に到達した時から2週間を経過した時点で確定する。

2）根抵当権の元本確定前に、根抵当権者または債務者たる法人について合併・会社分割があった場合でも、債務者でない根抵当権設定者は、根抵当権者に対して、元本確定を請求することができない。

3）X銀行が、A社が保有する不動産に極度額1億円の根抵当権を有していて、被担保債権の元本が9,000万円であることが確定した場合、根抵当権設定後の元本に対する利息・遅延損害金が年100万円、根抵当権の実行により配当を受領するまでの5年間合計で500万円であったとしても、2年分を超える300万円分については優先弁済を受けることができない。

4）根抵当権の元本が確定した後、被担保債権の合計額が極度額を下回るときは、根抵当権設定者は、現に存在する債務の額とその後2年間に生ずべき利息・遅延損害金を加えた額にまで、極度額の減額を請求することができ、根抵当権設定者の一方的請求によって、減額の効果が生ずる。

・解説と解答・

1）不適切である。元本確定期日の定めがない場合、根抵当権設定時から3年経過した場合に元本確定の請求ができるのは、根抵当権設定者である。この場合、担保すべき元本は、その請求の時から2週間を経過することにより確定する（民法398条の19第1項）。また、根抵当権者は、元本確定期日の定めがないときは、いつでも元本確定の請求をすることができ、担保すべき元本は、確定請求の意思表示が根抵当権設定者に到達した時点で確定する（同条2項、97条1項）。

2）不適切である。根抵当権の元本確定前に、根抵当権者または債務者たる法人について合併・会社分割があった場合は、債務者でない根抵当権設定者は、元本確定を請求することができる。この場合、担保すべき元本は、合

併・会社分割の時に確定したものとみなす。なお、債務者でない根抵当権設定者が、合併・会社分割のあったことを知った日から2週間を経過したときおよび合併・会社分割の日から1カ月を経過したときは、元本確定の請求をすることはできない（民法398条の9第3項〜5項、398条の10第3項）。

3）不適切である。根抵当権においては、担保される利息・遅延損害金が制限される民法375条の適用はなく、元本確定後においても、極度額に至るまでは元本に加えて2年分を超える利息・遅延損害金についても担保されるため、本肢のケースでは元利金9,500万円全額について優先弁済を受けることができる（同法398条の3第1項）。

4）適切である。被担保債権の合計額が極度額を下回るときは、残存する担保価値を利用して新たな金融の途を確保する必要があるものの、元本確定によって担保される元本額が増額となることはなくなるが、確定後に発生する利息・損害金は極度額まで担保されるので、必ずしも担保余力が生じるとは限らないことから、根抵当権設定者に根抵当権者に対する極度額の減額請求を認めている（民法398条の21第1項）。なお、根抵当権の減額請求権は形成権（取消権・追認権・解除権等のように、一方的な意思表示により、新しい法律関係を発生させる私法上の権利）であるため、根抵当権設定者の一方的な請求によって減額請求の効果が生ずる。

正解　4）

5-9　根抵当権の性質と元本確定前の処理（Ⅰ）

《問》元本確定前の根抵当権について、次のうち最も不適切なものはどれか。

1）元本確定前に、根抵当権者が根抵当権設定者の承諾を得れば、被担保債権を譲渡せずに、当該根抵当権のみを譲渡することができる。
2）元本確定前に、根抵当権を第三者に譲渡しようとする場合、根抵当権設定者の承諾を得れば、根抵当権について全部譲渡や分割譲渡だけでなく、一部譲渡もすることができる。
3）元本確定前に、保証人が保証債務を弁済した場合、保証人は、根抵当権者に代位して、根抵当権を行使できる。
4）元本確定前に、被担保債権の一部のみを債権回収会社に債権譲渡した場合、譲渡された債権は当該根抵当権で担保されず、当該債権回収会社は、当該根抵当権を実行することはできない。

・解説と解答・

1）適切である。元本確定前の根抵当権は、根抵当権設定者の承諾を得て、第三者に対して根抵当権者としての地位・権能をそのまま譲渡することができ（根抵当権の全部譲渡）、当該譲渡により最初から譲受人を債権者とする根抵当権が設定されていたのと同様の効果を生じる（民法398条の12第1項）。ただし、根抵当権の譲渡を第三者に対抗するためには登記が必要である。なお、元本確定前に当該根抵当権とその被担保債権を一緒に譲渡しても、当該譲渡債権は債務者と譲受人との取引によって生じたものではないため、当該根抵当権によって当然に担保されることはない（被担保債権の範囲に追加する必要がある）。

2）適切である。根抵当権の譲渡は、全部譲渡（民法398条の12第1項）以外にも、分割譲渡（同条2項）、一部譲渡（同法398条の13）が認められており、いずれの譲渡の場合も、根抵当権設定者の承諾が必要となる。なお、分割譲渡とは、例えば極度額1,000万円の根抵当権を600万円と400万円に分割して、その一方を第三者に譲渡するものであるのに対し、一部譲渡とは、例えば極度額1,000万円の根抵当権について、根抵当権を第三者とともにその極度額の範囲で共有するものである。

3）不適切である。元本確定前に、保証人が保証債務を履行したとしても、根

抵当権者に代位して、根抵当権を行使できない（随伴性の否定。民法398条の7第1項後段）。このため、保証人が根抵当権者に代位することを望む場合には、保証債務の履行前に根抵当権の元本を確定させる必要がある。

4）適切である。元本確定前の根抵当権は随伴性を有しないため、元本確定前に根抵当権者から債権を取得した者は、その債権について根抵当権を行使することができない（民法398条の7第1項前段）。このため、債権の譲受人に譲渡債権を被担保債権とする根抵当権を移転する場合には、債権譲渡前に根抵当権の元本を確定させる必要がある。

正解　3）

5－10　根抵当権の性質と元本確定前の処理（Ⅱ）

《問》X銀行が債務者Aに対して貸出金債権を有している場合について、次のうち最も適切なものはどれか。

1) X銀行がA所有の甲土地に根抵当権の設定を受けているBから、元本確定前に当該根抵当権のみを譲り受ける場合、当該譲受けについてAの承諾は不要である。

2) X銀行がAに対する貸出金債権を被担保債権として、A所有の甲土地に根抵当権の設定を受け、かつCが連帯保証人となっている場合に元本確定前にCが保証債務を履行したときは、CはAの承諾を得て、X銀行に代位して根抵当権を行使することができる。

3) X銀行がAに対する貸出金債権を被担保債権として、A所有の甲土地に根抵当権の設定を受けている場合に、X銀行が元本確定前に債権回収会社に対して、被担保債権の一部とともに根抵当権の一部を譲渡することについて、Aの承諾は不要である。

4) X銀行がAに対する貸出金債権を被担保債権として、A所有の甲土地に根抵当権の設定を受けている場合に、元本確定前にX銀行が後順位抵当権者Bに対し、当該根抵当権の順位の譲渡を行うことはできない。

・解説と解答・

1) 不適切である。元本確定前に根抵当権を譲渡する場合には、根抵当権設定者の承諾が必要となる（民法398条の12第1項）。

2) 不適切である。元本確定前に保証人が保証債務を弁済した場合、たとえ根抵当権設定者の承諾を得たとしても、根抵当権者に代位して根抵当権を行使できない（民法398条の7第1項後段）。

3) 不適切である。元本確定前の根抵当権の譲渡は、全部譲渡（民法398条の12第1項）以外にも、分割譲渡（同条第2項）、一部譲渡（同法398条の13）が認められているが、いずれの場合も根抵当権設定者の承諾が必要となる。

4) 適切である。元本確定前においては、転抵当を除き、民法376条に規定される処分（抵当権の譲渡または放棄、抵当権の順位の譲渡または放棄）をすることは認められない（同法398条の11第1項）。　　　　　<u>正解　4)</u>

5－11　保証債務の性質（Ⅰ）

《問》X銀行が取引先A社に対する融資につき、Bを保証人としている場合について、次のうち最も適切なものはどれか。ただし、設問および各選択肢の記載事項以外の事項については、考慮しないこととする。

1）X銀行のA社への融資の利息が免除されても、Bの保証債務の利息は当然には免除されない。

2）X銀行がA社に対する債権をC銀行に譲渡しても、Bの保証債務は当然には移転しない。

3）BがX銀行に債務を弁済した場合には、A社の債務は完全に消滅するので、BのA社への求償権は発生しない。

4）保証契約は債権者と保証人との間の契約であるから、A社の意思に反していてもX銀行とBとの間で当該融資に係る保証契約を締結することができる。

・解説と解答・

1）不適切である。保証債務は、主たる債務の担保を目的とするものであるため、主たる債務と運命をともにする性質（付従性）を有している。付従性には①成立における付従性、②消滅における付従性、③内容における付従性（「変更における付従性」ともいう）があり、本肢では②によりBの保証債務の利息は当然に消滅する。なお、上記①・②について民法上の明文規定はないが、③について、民法448条1項は、保証人の負担が債務の目的または態様において主たる債務より重いときは、これを主たる債務の限度に減縮すると規定している。

2）不適切である。保証債務は主たる債務を担保するものなので、主たる債務が譲渡されるなどして移転した場合には、保証債務も移転し、これを保証の「随伴性」という。このため、Bの保証債務は、C銀行に当然に移転する。

3）不適切である。保証人による弁済は保証債務の弁済であり、弁済により債権者は満足を得るが、Bの保証債務の弁済により、債務を免れ財務上の利益を得たA社がBに対して求償債務を負う（BはA社に対して求償権を有する）ことになる（民法459条、462条）。

4）適切である。保証契約は債権者と保証人との間の契約であるため、債務者の委託がなくても締結することができ、債務者の意思に反しても保証契約は締結することができる。債務者の委託の有無や債務者の意思に反するか否かは、保証人が債務者に代わって弁済した場合に取得する求償権の範囲に影響を及ぼすのみである（民法459条、462条）。

　なお、民法改正により2020年4月1日以降に、事業のために負担した貸金等債務を主たる債務とする保証契約（特定債務保証の場合）、または主たる債務の範囲に事業のために負担する貸金等債務が含まれる根保証契約を締結しようとする場合で、個人が保証人になろうとする場合は、保証契約締結前1カ月以内に作成された公正証書において、保証債務を履行する意思を表示していなければ、保証契約は効力を生じないとされた（民法465条の6第1項）。ただし、個人保証人が主債務者（法人）の理事、取締役、執行役またはこれらに準ずる者である等、一定の場合には公正証書の作成は不要とされている（同法465条の9）。

正解　4）

5－12　保証債務の性質（Ⅱ）

《問》X銀行が株式会社A社に対して貸出をする際に、代表権は有していないがA社の共同経営者の1人であるBが、A社の委託を受けて連帯保証人になっている場合について、次のうち最も不適切なものはどれか。ただし、設問および各選択肢の記載事項以外の事項については、考慮しないものとする。

1）BがX銀行に対して連帯保証債務を承認したとしても、主債務であるA社の借入金債務の消滅時効は更新されない。

2）Bは、X銀行のA社に対する貸出金債権が弁済期にあるときは、Bが弁済する前であっても、A社に事前に求償することができる。

3）X銀行のA社に対する貸出金債権が第三者に譲渡されたとしても、特約がない限り、Bの連帯保証債務は消滅しない。

4）X銀行がA社に対して貸出金債権の履行を請求した場合、X銀行はBに対してA社に履行を請求した事実を書面で通知しなければ、Bの連帯保証債務の消滅時効の完成は猶予されない。

・解説と解答・

1）適切である。連帯保証人については、承認に絶対的効力は認められていない（民法441条、458条）。したがって、主債務者から委託を受けて連帯保証人となった者が保証債務を承認しても、主たる債務に消滅時効の更新の効力は及ばないので、主債務の消滅時効は更新されない。

2）適切である。主債務が弁済期にあるときは、原則として委託を受けた保証人は主たる債務者に対して、あらかじめ求償権を行使できる（民法460条2号）。

3）適切である。保証債務は債務を担保するものであり、主債務者に対する債権が譲渡された場合、それに伴い保証債務も移転するという性質がある。（保証債務の随伴性）。このため、A社に対する貸出金債権が第三者に譲渡されるとBの保証債務も当該第三者に移転するため、主たる債務の譲渡のみで、Bの保証債務が消滅することはない。

4）不適切である。主債務者に対する請求等による消滅時効の完成猶予および更新の効力は、保証人に対しても当然に生じ（民法457条1項）、本肢において、主債務者であるA社に対する履行の請求による時効の完成猶予の効

力は連帯保証人Bにも生じており、連帯保証人Bに対する書面による通知等は特段不要である。反対に、連帯保証人に対する請求等によって主債務に消滅時効の完成猶予および更新の効力を及ぼすためには、あらかじめその旨の特約がなされていることが必要である（同法458条、441条但書）。

<u>正解　4）</u>

5－13　個人根保証契約の要件

《問》X銀行がA社に対して継続的な融資を行うために、A社の代表者B
　　　との間で個人根保証契約を締結することとした場合について、次の
　　　うち最も適切なものはどれか。
1）個人貸金等根保証契約を締結する際に、10年以内の元本確定期日を
　　定めれば、その期間内について当該契約は有効とされる。
2）BはA社の代表者であるから、A社の債務については保証極度額を
　　定めない、いわゆる包括根保証とすることが認められる。
3）個人貸金等根保証契約において元本確定期日を定めない場合は、そ
　　の元本確定期日は、契約締結の日から3年を経過する日となる。
4）個人貸金等根保証契約の締結後にBが死亡したときは、Bの相続人
　　に、当該個人根保証契約が承継される。

・解説と解答・

1）不適切である。個人貸金等根保証契約において、契約の日から5年を経過
　する日より後の日を元本確定期日と定めた場合、当該元本確定期日の定め
　は無効であり、元本確定期日を定めなかったものとみなされる（民法465
　条の3第1項）。なお、元本確定期日を定めなかった場合の元本確定期日
　は、契約締結の日から3年を経過する日となる（同条2項）。
2）不適切である。個人根保証契約は、書面または電磁的記録によって極度額
　を定めなければその効力を生じず（民法465条の2第2項、446条2項、3
　項）、代表者を保証人とする場合であっても、包括根保証は認められない。
3）適切である。1）を参照（民法465条の3第2項）。
4）不適切である。個人貸金等根保証契約において保証人が死亡したときは、
　当該個人貸金等根保証契約の元本は確定する（民法465条の4第1項3
　号）。したがって、保証人の相続人に個人貸金等根保証契約は承継されず、
　確定した元本の保証債務だけが承継されるので、X銀行としては、A社と
　のその後の取引については、Bの相続人からの保証がないものとして取り
　組まなければならない。

正解　3）

5－14　個人貸金等根保証契約

《問》個人貸金等根保証契約について、次のうち最も不適切なものはどれか。
1）個人貸金等根保証契約における主たる債務の元本は、主債務者または保証人が破産手続開始の決定を受けると確定する。
2）個人貸金等根保証契約における主たる債務の元本は、原則として債権者が主債務者または保証人の財産について強制執行または担保権実行を申し立てたときに確定する。
3）個人貸金等根保証契約の極度額は、元本極度額であり、利息・損害金は極度額とは別に保証債務の対象となる。
4）個人貸金等根保証契約は書面または電磁的記録で締結しなければならず、口頭の合意では効力を生じない。

・解説と解答・

1）適切である。主たる債務者または保証人が破産手続開始の決定を受けた時には、個人貸金等根保証契約における主たる債務の元本は確定する（民法465条の4第1項2号、2項2号）。

2）適切である。債権者が主たる債務者または保証人の財産について、金銭の支払を目的とする債権についての強制執行または担保権の実行を申し立てたとき（ただし、強制執行または担保権実行の手続が開始された場合に限る）には、個人貸金等根保証契約における主たる債務の元本は確定する（民法465条の4第1項1号、2項1号）。

3）不適切である。個人貸金等根保証契約の極度額は、主たる債務の元本だけでなく、利息、違約金、損害賠償その他その債務に従たるすべてのものおよびその保証債務について約定された違約金、損害賠償の額も含めた限度額である（民法465条の2第1項）。

4）適切である。保証契約は書面または電磁的記録によって締結しなければ効力を生じないものとされており（民法446条2項、3項）、個人貸金等根保証契約も保証契約であるので、書面で締結しなければ、その効力を生じないこととなる（同法465条の2第3項、465条の3第4項）。

正解　3）

5-15　保証債務と相続

《問》A銀行が個人顧客Bに対する1,000万円の融資につき、個人Cを保証人としていた場合について、次のうち最も不適切なものはどれか。

1）Cが連帯保証人である場合であって、Cが死亡して、Cの相続人が配偶者Dと長男Eのみであり、かつC死亡時の残債務が1,000万円であった場合、DおよびEは、それぞれA銀行に対して、500万円の連帯保証債務を負担する。

2）Cが極度額を800万円とする個人貸金等根保証契約の根保証人である場合であって、Cが死亡して、Cの相続人が配偶者Dと長男Eのみであり、かつC死亡時の残債務が800万円であった場合、DおよびEは、それぞれA銀行に対して、800万円全額の根保証債務を負担する。

3）Cが連帯保証人である場合であって、Cが死亡して、Cの相続人となる者が配偶者Dと長男Eのみであったが、Dが相続放棄をし、かつC死亡時の残債務が800万円であった場合、EはA銀行に対し、800万円全額の連帯保証債務を負担する。

4）Bが死亡し、Bの相続人が配偶者Fと長男G、次男Hのみであった場合、CはA銀行に対して残債務全額の保証債務を負担する。

・解説と解答・

1）適切である。相続人は、被相続人の一身に専属したものを除いて、相続開始の時から被相続人の財産に属したいっさいの権利義務を承継し（民法896条）、相続人が複数存在するときは、法定相続分の割合で分割された債務を各自単独で承継する（同法899条（最判昭和29.4.8民集8巻4号819頁））。なお、DとEが法定相続分と異なる割合で債務を負担する旨を定めた場合であっても、A銀行はDおよびEに対してそれぞれ法定相続分に従った保証債務の履行を請求できる（東京高決昭和37.4.13判タ142号74頁参照）。

2）不適切である。個人貸金等根保証契約においては、主たる債務者または保証人が死亡したときは、主たる債務の元本が確定する（民法465条の4第1項3号）。したがって、相続人は、相続発生時の主たる債務を担保する保証債務のみを極度額を限度として相続するが、1）のとおり、法定相続分

の割合で分割承継することとなり、相続人間に連帯関係は生じないから、債権者は各共同相続人に対し、全額の請求はできない。

3）適切である。相続放棄をした者は、その相続に関しては、初めから相続人とならなかったものとみなすため（民法939条）、Eがすべてを承継する。

4）適切である。主債務者が死亡しても、保証債務には影響はない。

正解　2）

5－16　保証人の本人確認と保証契約手続

《問》X銀行Y支店が、Aに対する融資の実行に際し、Bの連帯保証を受けることとした場合の対応として、次のうち最も適切なものはどれか。ただし、設問および各選択肢の記載事項以外の事項については、考慮しないものとする。

1) AおよびBがともに個人である場合において、AおよびB双方について顔見知りであったX銀行Y支店の担当者は、Aが持参したBの署名捺印と印鑑証明書を確認することで足りると判断し、Bと面談しなかった。なお、Aに対する融資は、事業性融資ではない。

2) AおよびBがともに個人である場合において、AおよびB双方がX銀行Y支店を来訪した。X銀行Y支店の担当者は、Aは本人確認済みであったことからBの本人確認は不要であると判断して、Bの本人確認を行わずに契約手続を進めた。なお、Aに対する融資は、事業性融資ではない。

3) Aが株式会社で、Bが個人である場合において、X銀行Y支店の担当者は、Bから「このAという会社は大丈夫なのですか」と尋ねられた際に、Aの経営状態を十分に調査しないまま、「大丈夫ですよ」と回答した。

4) Bが取締役会設置会社である株式会社で、Aがその会社の取締役である場合において、X銀行Y支店の担当者は、Aと面談のうえ、登記事項証明書、印鑑証明書等により代表者の確認や印鑑の確認などを行ったうえで、さらに、取締役会による承認を得ているかを確認するために、取締役会の議事録の提出を求めた。

・解説と解答・

1) 不適切である。保証契約の際には、本人確認と保証意思の確認が必要であるが、Bと顔見知りであった場合であっても、Bの署名が真正であることを確認できなければ本人確認にも保証意思確認にもならず保証否認されるおそれがある。なお、一般論としては、Bの署名捺印と印鑑証明書の持参により、Aに権限外の行為の表見代理（民法110条）が成立する余地があるが（最判昭35.10.18民集14巻12号2764頁）、銀行の貸付、保証・担保徴求に際しては、高度の注意義務が課されるため、表見代理が認められる可

能性は著しく低い。

2）不適切である。保証契約を締結する場合、実際に自署捺印した者と保証人が同一であることが確認できなければ、将来において保証否認される可能性があるので、来店したＢと称する者がＢ本人であることを確認をする必要がある。

3）不適切である。当該説明時点で実際に主たる債務者の経営状況を調査すれば事実上破綻状態に陥っている状況の把握が容易であったにもかかわらず、金融機関の担当者がこれを怠り、事実とは異なる回答をした場合、保証人は、この担当者の発言を信じて保証契約を締結したとして、当該保証契約が錯誤無効となる可能性がある（錯誤無効が認められた裁判例として、東京高判平17.8.10金法1760号30頁等）。また、事業のために負担する債務を主たる債務とする保証または主たる債務の範囲に事業のために負担する債務が含まれる根保証の委託をする場合には、主たる債務者は保証人となろうとする個人に対して、①財産および収支の状況、②主たる債務以外に負担している債務の有無ならびにその額および履行状況、③主たる債務の担保として他に提供し、または提供しようとするものがあるときは、その旨および内容、に関する情報を提供しなければならない（民法465条の10第１項、３項）。なお、主たる債務者による上記①〜③の情報不提供・不実情報提供の結果、保証人が誤認をして保証契約を締結し、かつ、主債務者の情報不提供・不実情報提供について債権者が知り、または知ることができたときは、保証人は当該保証契約を取り消すことができる（同条２項）。

4）適切である。会社がその会社の取締役の債務を保証する場合、取締役会設置会社においては取締役会で当該取引について重要な事項を開示して、承認を得なければならない（会社法356条１項３号、365条１項）。取締役会の決議なしにされた行為も原則として有効であるが、相手方（本問ではＸ銀行）が決議を経ていないことを知り、また知ることができたときは無効となる（最判昭40.9.22民集19巻６号1656頁・金法425号11頁）ことから、Ｘ銀行に過失があったとして無効となることを避けるべく、取締役会の議事録を確認すべきである。

正解　4）

5-17　経営者保証と経営者以外の第三者による保証

《問》A銀行のB社に対する融資の保証について、次のうち最も不適切な
　　ものはどれか。

1）A銀行はB社に対する融資を行う際に、経営者Cとの間で連帯保証
　　契約を締結しようと考えているが、「経営者保証に関するガイドラ
　　イン」によれば、A銀行は、B社およびCに対し、経営者保証の必
　　要性が解消された場合には、保証契約の変更・解除等の見直しの可
　　能性があることにつき、丁寧かつ具体的に説明することが求められ
　　ている。

2）A銀行はB社に対して事業資金の融資を行う際に、B社の執行役D
　　と保証契約を締結しようと考えているが、Dが保証人になる場合に
　　は、保証契約締結の日の1カ月前までに、保証債務履行の意思を表
　　示した公正証書を作成しなければならない。

3）A銀行はB社に対して事業資金の融資を行う際に、B社の総株主の
　　議決権の60％を所有する個人Eと保証契約を締結しようと考えてい
　　るが、Eが保証人になる場合には、保証債務履行の意思を表示した
　　公正証書の作成は必要ない。

4）A銀行が、B社の経営に経営者Cとともに従事しているCの配偶者
　　Fと連帯保証契約を締結することは、Fからの自発的な意思による
　　申出でなくても許容される。

・解説と解答・

　経営者保証に関しては、①民法における公正証書作成対象の例外としての経
営者保証、②経営者保証に関するガイドラインで規律する経営者保証、および
③金融庁監督指針に基づく「第三者保証禁止」の例外としての経営者保証があ
るが、それぞれの規律において「経営者」の範囲が異なるので、注意が必要で
ある。

1）適切である。「経営者保証に関するガイドライン」において、対象債権者
　　は、保証契約を締結する際に、以下のイからハについて、主たる債務者と
　　保証人に対して、丁寧かつ具体的に説明することが求められている（本則
　　5項(1)）。
　　イ）保証契約の必要性

166

ロ）原則として、保証履行時の履行請求は、一律に保証金額全額に対して行うものではなく、保証履行時の保証人の資産状況等を勘案したうえで、履行の範囲が定められること

ハ）経営者保証の必要性が解消された場合には、保証契約の変更・解除等の見直しの可能性があること。なお、2023年4月1日に適用が開始された「中小・地域金融機関向けの総合的な監督指針Ⅱ―3―2―1―2①・②」は、「どの部分が十分でないために保証が必要となるのか」「どのような改善を図れば保証契約の変更・解除の可能性が高まるか」について、個別具体的に説明し、その結果を書面または電子的方法で記録することを求めている。

2）不適切である。事業のために負担した貸金等債務を主たる債務とする保証契約で、当該保証契約の保証人になろうとする者が個人の場合は、その保証契約締結の日前1カ月以内に作成された公正証書で保証人になろうとする者が保証債務を履行する意思を表示していなければ、その効力を生じない（民法465条の6第1項）。ただし、本規定は、主たる債務者が法人である場合のその理事、取締役、執行役またはこれらに準ずる者が保証人となる場合には適用されない（同法465条の9第1号）ため、B社の執行役であるDが保証人になる場合には、保証債務履行の意思を表示した公正証書（保証意思宣明公正証書）を作成する必要はない。

3）適切である。主たる債務者となるB社の総株主の議決権の過半数を有する者（個人）が保証人になる場合は、保証意思宣明公正証書の作成は必要ない（民法465条の9第2号イ）。

4）適切である。個人連帯保証契約については、経営者以外の第三者の個人連帯保証を求めないことが原則であるが、中小企業庁「信用保証協会における第三者保証人徴求の原則禁止について」に記載されている実質的な経営権を有している者や、経営者本人とともに当該事業に従事する配偶者は、例外として個人連帯保証契約を締結することが認められている（中小・地域金融機関向けの総合的な監督指針Ⅱ―11―2(1)、Ⅱ―3―2―1―2(2)②ハb）。なお、主たる債務者が行う事業に現に従事している主たる債務者の配偶者を保証人とする場合、保証意思宣明公正証書の作成は不要である（民法465条の9第3号）。

正解　2）

5－18　信用保証協会保証（Ⅰ）

《問》A銀行がX社に2,000万円の新規融資をするにあたり、B信用保証
　　協会に対し保証の申込みをし、保証承諾を得てX社に融資を実行し
　　た場合について、次のうち最も不適切なものはどれか。

1）B信用保証協会の保証するX社の債務について、A銀行に対して直
　接保証するほかの保証人Yがいる場合、その保証人YとB信用保証
　協会とは、A銀行に対する共同保証人となる。

2）B信用保証協会がA銀行との間で締結した保証契約が根保証契約で
　ある場合、当該根保証契約において元本確定期日が定められていな
　ければ、根保証債務履行後に発生する求償権について、X社の代表
　取締役Zが保証する求償権保証契約をB信用保証協会がZとの間で
　締結したとしても、当該求償権保証契約は無効となる。

3）X社が、B信用保証協会の保証付融資金のうち2,000万円分をA銀
　行に対するほかの既存融資の返済に充当した場合、当該返済につき
　事前にB信用保証協会の同意を得ていないときは、B信用保証協会
　が特段の意思表示を要することなく、保証債務は当然に消滅する。

4）B信用保証協会の保証が、X社所有の土地および建物に第1順位の
　抵当権を設定することを条件としていた場合、B信用保証協会が保
　証書を発行した後、X社所有の建物に第1順位の抵当権を設定でき
　ないままX社が倒産し、B信用保証協会から保証債務の全部または
　一部の免責を主張されたとしても、A銀行は、B信用保証協会から
　全額の代位弁済を受けることができる。

・解説と解答・

1）適切である。信用保証協会と、銀行に対して直接保証する保証人（以下、
「保証人」という）とが、それぞれ共同連帯保証人として全額弁済の責任
を負う。ただし、保証人が代位弁済し、または保証人が債権者に提供した
担保につき担保権実行がなされても、保証人は信用保証協会に対して何ら
の求償もしない（信用保証委託契約書例13条4項3号）など、特約によっ
て民法の共同連帯保証人の規定を修正している。

2）適切である。個人貸金等根保証契約の規律は、法人根保証人の求償権に対
する個人の保証契約にも適用される（民法465条の5第2項）。このため、

　A銀行と法人根保証人であるB信用保証協会との根保証契約において元本確定期日が定められていない場合、ZとB保証協会が締結した求償権保証契約は無効となる。

3）適切である。金融機関に旧債振替禁止条項の違反があった場合、信用保証協会からの特段の意思表示を要することなく、保証債務は当然に消滅する（信用保証協会保証契約約定書例3条、11条1号、最判平9.10.31民集51巻9号4004頁・金法1502号64頁）。そして、消滅する保証債務の範囲は、信用保証制度の趣旨・目的に照らして保証債務の全部について免責を認めるのを相当とする特段の事情がある場合を除き、当該違反部分のみについて前記の保証債務の消滅効果が生ずるものと解されている（同判例）。

4）不適切である。B信用保証協会の保証条件は土地および建物につき順位1位の根抵当権を設定することであり、順位が異なれば回収可能性が違ってくるので、保証条件違反を理由に全部または一部が免責となり、代位弁済を受けることができない（信用保証協会保証契約約定書例11条2号）。この場合の免責の範囲は、次のとおりである（「信用保証協会信用保証　約定書例の解説と解釈指針（第9条〜第11条）」金法1818号30頁）。

　イ）金融機関に故意または重過失がある場合で、かつ、信用保証制度の趣旨・目的に抵触する場合は、保証契約違反による求償権侵害の有無にかかわらず、全部

　ロ）金融機関に故意または重過失があるが、信用保証制度の趣旨・目的に抵触しない場合は、保証契約違反により求償権が侵害された範囲

　ハ）金融機関に過失がある場合は、保証契約違反により求償権が侵害された範囲

正解　4）

5－19 信用保証協会保証（Ⅱ）

> 《問》X銀行の取引先であるA社がX銀行から融資を受けるにあたり、信
> 用保証協会の保証を受けることとした場合について、次のうち最も
> 不適切なものはどれか。
> 1）信用保証協会は、原則として、経営者本人以外の第三者の連帯保証
> 人は徴求しないこととしている。
> 2）信用保証協会の保証も、その保証契約としての法的性質は、民法に
> 定められた保証と同様である。
> 3）信用保証協会の保証付融資金を、X銀行のA社に対する既存の融資
> 金の弁済に充当することは認められない。
> 4）X銀行がA社に対する債権を担保するために根抵当権の設定登記を
> 受けている場合には、根抵当権の元本確定のいかんにかかわらず、
> X銀行は信用保証協会から代位弁済を受けることができる。

・解説と解答・

1）適切である。2005（平成17）年6月20日に報告された中小企業政策審議会
基本政策部会の「信用補完制度のあり方に関するとりまとめ」を受け、現
在、信用保証協会は「経営者本人以外の第三者保証人を原則非徴求」とす
る扱いとしている。

2）適切である。信用保証協会の保証は、公共的目的から、信用保証委託契約
や保証協会約定書により、中小企業者や金融機関との間の特約を多く設
け、民法の規定を補完・修正または拡張しているが、その法的性質は、一
般の保証と同じく民法上の保証であると解されている（札幌高裁函館支判
昭37.6.12金法315号6頁）。

3）適切である。信用保証協会と金融機関の約定書3条に規定されており、違
反した場合は、信用保証協会の保証債務の一部または全部が免責される
（同約定書11条1号）。

4）不適切である。X銀行の有する根抵当権の被担保債権の元本確定前に、信
用保証協会が保証債務を履行しても、信用保証協会はその根抵当権を行使
できないことから（民法398条の7第1項後段）、信用保証協会は、金融機
関の持つ根抵当権に権利行使の可能性を残しておく必要上、根抵当権の元
本を確定させたうえで代位弁済を行い、根抵当権の一部移転を受けること

にしている。元本が確定しないときは、金融機関は代位弁済を拒否される
のが一般的である。

正解　4）

5－20　質権設定対抗要件

《問》債権者Aが債務者B（個人）に対する150万円の貸出金債権の担保
　　として、BのC（第三債務者）に対する200万円の売掛金債権（甲
　　債権）に質権を設定した後、第三者XがBに対する100万円の債権
　　を担保するために甲債権に対して質権を設定した場合、AがXに対
　　して自己の質権を主張するための対抗要件として、次のうち最も適
　　切なものはどれか。
1）　BからAへの甲債権に係る債権証書の交付
2）　AからCに対する質権設定の通知
3）　CからAまたはBに対する確定日付のある証書による質権設定の承
　　諾
4）　債権譲渡登記ファイルへの質権設定の登記

・解説と解答・

1）不適切である。債権を目的とする質権の第三者に対する対抗要件は、質権
　設定者Bから第三債務者Cに対する質権設定の通知またはCから質権者A
　またはBに対する質権設定の承諾が確定日付のある証書をもってなされる
　ことである（民法364条、467条）。なお、売掛債権等の「債権」（2020年3
　月31日以降は「指名債権」）は「指図証券」（同左「指図債権」）と異なり、
　債券の成立・譲渡のために証書の作成・交付を要しないため、債券証書の
　交付は質権の成立要件や質権の第三者対抗要件とはされておらず（同法
　520条の7、520条の2参照）、債権への質権設定に際して債権証書の交付
　は不要である。
2）不適切である。第三債務者Cに対する通知は、質権設定者Bからなされる
　必要がある。1）を参照。
3）適切である。1）を参照。
4）不適切である。質権設定者Bが法人の場合には、債権譲渡登記ファイルへ
　の質権設定の登記が第三者対抗要件となる（動産及び債権の譲渡の対抗要
　件に関する民法の特例等に関する法律14条、4条1項）。本問では、質権
　設定者Bは個人であり、特例法の適用がない。

正解　3）

5−21　預金担保貸付

《問》X銀行Y支店が取引先であるA社に対して、A社がX銀行Y支店に
　　有する1,000万円の定期預金に質権を設定して貸出を行った後、A
　　社の債権者であるZ社によって当該定期預金が差し押さえられた場
　　合について、次のうち最も不適切なものはどれか。
1）X銀行Y支店が定期預金に質権を設定するに際して、定期預金証書
　　の交付を受けていなくても質権の効力は発生する。
2）X銀行Y支店が当該定期預金を差し押さえたZ社に質権を対抗する
　　ためには、質権設定時に担保差入証に確定日付を徴求しておく必要
　　がある。
3）X銀行Y支店が当該定期預金に対して質権に基づき取立権を行使す
　　るには、当該定期預金の満期日が到来していれば足りる。
4）X銀行Y支店はZ社による差押え後でも、X銀行Y支店のA社に対
　　する貸出金債権の弁済期とA社のX銀行Y支店に対する定期預金債
　　権の弁済期との前後を問わず、両債権が相殺適状に達しさえすれ
　　ば、相殺により貸出金債権を回収することができる。

・解説と解答・

1）適切である。債権である定期預金に質権を設定する場合、質権の効力は当
　　事者間で合意した時に発生し、定期預金証書の交付は必要ではない（民法
　　176条、362条2項）。
2）適切である。質権の設定を債権の債務者（第三債務者）以外の第三者（本
　　問では差押債権者）に対抗するには、第三債務者への通知または第三債務
　　者の承諾が確定日付のある証書によってなされることが必要である（民法
　　364条、467条）。そこで、本問のような自行定期預金に質権を設定した場
　　合には、質権者と第三債務者がX銀行Y支店となることから、担保差入証
　　が第三債務者の承諾書にあたり、質権設定時に担保差入証に確定日付を徴
　　求しておくことで、上記の対抗要件が具備されることになる。
3）不適切である。質権者として取立権を行使するには、貸出金債権および定
　　期預金債権双方の弁済期が到来している必要があり（ただし、定期預金債
　　権については、銀行が期限の利益を放棄することで（民法136条2項）、い
　　つでも弁済期限を到来させることができる）、貸出金債権の弁済期が到来

していない場合には、質権者は質権の目的となっている定期預金を取り立てることはできない（同法366条 3 項）。ただし、本問では、Z 社による A 社預金差押えによって、A 社は期限の利益を喪失している（銀行取引約定書 5 条 1 項 3 号、定期預金担保差入証 6 条 1 項 3 号）ので、定期預金の取立は可能である。なお、他行預金に質権を設定した場合など満期到来後の担保定期預金を確保したいときは第三債務者に対して弁済すべき金額の供託を求めることができる（同項）。

4 ）適切である。定期預金に対して差押えがなされる前に貸出金債権が存在していれば、その差押え後であっても、貸出金債権と定期預金の弁済期の前後を問わず、双方の債権が相殺適状に達すれば相殺をすることができるとされている（民法511条 1 項）。なお、差押え後に取得した債権が差押え前の原因に基づいて生じたものであるときは、その債権による相殺をもって差押債権者に対抗することができる。ただし、第三債務者である銀行が、差押え後に他人の債権を取得したときは、この限りではない（同条 2 項）。

正解　3 ）

5−22　有価証券担保

> 《問》有価証券担保について、次のうち最も適切なものはどれか。
> 1）有価証券のうち、金融実務上、有価証券担保として取り扱われるのは、主に株式、社債等および公債である。
> 2）有価証券担保の設定方法は質権に限られており、譲渡担保によることはできない。
> 3）ペーパーレス化された有価証券（振替株式、振替社債等）は、担保権者が証券を占有することができないので、質権を設定することができない。
> 4）投資信託受益権に担保設定することはできない。

・解説と解答・

1）適切である。有価証券には、手形・小切手、株式、社債等、公債、貨物引換証、倉荷証券、船荷証券等がある。有価証券のうち手形は手形担保（実務上、小切手は担保対象物としない）、貨物引換証、倉荷証券、船荷証券は商品担保または動産担保として取り扱われているため、金融実務上、有価証券担保として取り扱われるのは、主に株式、社債等および公債である。

2）不適切である。有価証券担保の設定は、質権による方法も譲渡担保による方法も認められている。両者の間には、設定方法や担保としての特性（例えば、譲渡担保の場合は集合物担保とすることができる、株式に譲渡担保権を設定した場合に、担保権者へ名義書換手続を行えば、担保権者が発行会社に対し株主としての権利行使が可能になるなど）について相違点はあるが、貸付金等を保全する能力にはほとんど差異はなく、担保としての総合的な優位性は同等である。

3）不適切である。ペーパーレス化された有価証券は、証券現物の引渡しという方法での担保設定はできないが、振替株式、振替社債等に対する質権設定は、振替制度に基づく振替の申請によって質権者の口座の質権欄に当該質入れに係る金額の増減の記載または記録がなされることによって効力が生じる（社債、株式等の振替に関する法律（以下、「社債株式振替法」という）74条、141条）。

4）不適切である。投資信託受益権は、社債株式振替法上、「社債等」に含ま

れており（同法2条1項8号）、社債と同様に、担保権者の振替口座簿の質権欄への振替をもって質権を設定することや（同法121条、74条）、担保権者の口座への記載または記録を受けることで譲渡担保権を設定することができる（同法121条、73条）。

<u>正解　1）</u>

5-23 動産担保

《問》X銀行が電子機器メーカーであるA社に対して500万円を貸し出す
にあたり、A社がその倉庫に保有する電子機器の在庫商品一式を担
保に取得することとした場合について、次のうち最も不適切なもの
はどれか。

1）X銀行が当該在庫商品に質権を設定する場合には、占有改定の方法
により引渡しを受けることができる。

2）X銀行が当該在庫商品に譲渡担保権を設定する場合には、占有改定
の方法により引渡しを受けることができる。

3）X銀行が当該在庫商品に譲渡担保権を設定する場合、「動産及び債
権の譲渡の対抗要件に関する民法の特例等に関する法律」に基づい
て対抗要件を具備することができる。

4）X銀行が当該在庫商品に譲渡担保権を設定した場合、A社がその在
庫商品である電子機器を不当に処分したために当該譲渡担保権が実
質的に消滅するという事態が生じる危険性がある。

・解説と解答・

1）不適切である。質権の設定は債権者に目的物を引き渡すことによって効力
を生じる（民法344条）が、質権者は、質権設定者に自己に代わって質物
の占有をさせることはできないとされているため（同法345条）、設定者
による目的物の代理占有となる占有改定の方法によることはできない。

2）適切である。動産譲渡担保は、担保目的で対象動産の所有権を譲渡担保権
者に移転するという形式の担保である。このため譲渡担保権の設定の場合
には、民法345条のような設定者による目的物の代理占有を禁止する規定
がなく、占有改定の方法による目的物の引渡しでも効力が生じる。

3）適切である。法人が行う目的物の譲渡担保権の設定については、動産及び
債権の譲渡の対抗要件に関する民法の特例等に関する法律の適用がある
（同法3条1項）。本問において、担保設定者であるA社は法人であるた
め、動産譲渡登記の方法で対抗要件を具備することができる。

4）適切である。譲渡担保権が設定された場合には、譲渡担保の設定者がその
まま目的物を使用することから、目的物に担保権が設定されていることが
第三者にはわかりづらい。そのため、担保権が設定されていることについ

て善意・無過失の第三者が取引行為により担保の目的物を取得すると、善意取得（「即時取得」ともいう、民法192条）によりその目的物の所有権を取得してしまうこととなり、譲渡担保権が消滅する危険性がある。

<u>正解　1）</u>

5 −24　商事留置権

《問》X銀行Y支店が、A社から、同社が取引先から受け取った約束手形
3通の取立委任を受けて、それらの手形を預かった場合について、
次のうち最も不適切なものはどれか。

1）X銀行は、A社が借入金債務の弁済を遅滞した場合、その弁済がな
されるまでそれらの手形を商事留置権に基づき留置することができ
る。

2）銀行取引約定書中に「占有中の動産、手形その他の有価証券を任意
に処分し、その取得金を債務の弁済に充当することができる」旨の
約定があった場合、X銀行はこの約定に基づきその手形を取り立て
て貸出金の回収を図ることができる。

3）A社について破産手続開始決定がなされた場合であっても、X銀行
は預かっている手形を取り立てたうえで貸出金の回収に充当するこ
とができる。

4）A社について民事再生手続が開始された場合には、X銀行は預かっ
ている手形をA社に返還しなければならない。

・解説と解答・

1）適切である。X銀行Y支店のA社に対する貸出取引のような商人間におい
て双方のために商行為となる行為によって生じた債権が弁済期にあるとき
は、債権者であるX銀行は、A社に対する債権の弁済を受けるまで、A社
から取立委任という商行為によって自己の占有に属したA社の所有する約
束手形を商事留置権に基づき留置することができる（商法521条）。商事留
置権は、自己の占有に帰した債務者所有の物または有価証券について生ず
るとされ、民事留置権（民法295条）と異なり、被担保債権と留置物との
牽連関係にない預り手形・取立手形を留置物とすることができる。

2）適切である。銀行取引約定書旧ひな型4条3項において、担保物を法定の
手続によらず一般に適当と認められる方法等により処分等し、それにより
債権を回収できることを特約している。そして、同条4項においては、債
務不履行の場合には、銀行が占有している貸出先の動産、手形その他の有
価証券について、取立・処分ができることを特約している。この特約に
よって、銀行は競売という手段によることなく、手形を取り立ててその取

　　得金を債務の弁済に充当することができる。

3）適切である。X銀行が預かっている手形については商事留置権が成立し、
　　破産法においては、商事留置権は特別の先取特権とみなされるため、別除
　　権として破産手続によらないで行使が認められている（同法65条 1 項、66
　　条 1 項）。したがって、銀行取引約定書に基づき手形を取り立てたうえ、
　　債権の回収に充当することもできる（最判平10.7.14民集52巻 5 号1261
　　頁・金法1527号 6 頁）。

4）不適切である。X銀行が預かっている手形については商事留置権が成立
　　し、民事再生法においては、別除権として再生手続によらないで行使が認
　　められている（同法53条 1 項、 2 項）。また、取立委任を受けた約束手形
　　につき商事留置権を有する銀行が、その取立てにかかる取立金を法定の手
　　続によらず債務の弁済に充当できる旨の銀行取引約定は、別除権の行使に
　　付随する合意として、民事再生法上も有効であると解されていることか
　　ら、銀行取引約定書に基づき手形を取り立てたうえ、債権の回収に充当す
　　ることもできる（最判平23.12.15民集65巻 9 号3511頁・金法1937号 4 頁）。

　　　　　　　　　　　　　　　　　　　　　　　　　　　正解　 4 ）

2024年度版
金融業務3級　法務コース試験問題集

2024年3月13日　第1刷発行

編　者　一般社団法人　金融財政事情研究会
検定センター
発行者　　　　　　　　　加藤　一浩

〒160-8519　東京都新宿区南元町19
発　行　所　一般社団法人　金融財政事情研究会
販　売　受　付　TEL 03(3358)2891　FAX 03(3358)0037
URL https://www.kinzai.jp

本書の内容に関するお問合せは、書籍名およびご連絡先を明記のうえ、FAXでお願いいたします。　お問合せ先　FAX 03(3359)3343
本書に訂正等がある場合には、下記ウェブサイトに掲載いたします。
https://www.kinzai.jp/seigo/

ISBN978-4-322-14409-3